교육과정통합 :

20가지 질문과 대답

교육과정통합 :

20가지 질문과 대답

Gert Nesin, John Lounsbury
정광순 옮김

KSI 한국학술정보㈜

조지아 주 중학교 연합회(the Georgia Middle School Association)는 교사들을 위해 교육과정 통합에 대한 일련의 시리즈물을 출판하는 최초의 기관이라는 사실에 상당한 자부심을 갖고 있다. 이미 저명한 학자 John Lounsbury와 그녀가 추구하는 것을 교실에서 이미 실행하는 젊은 학도 Gert Nesin이 공동 집필한 이 책은 특히 그렇다.

저자는 교육과정통합에 대해 가장 흔히 제기되는 20가지 질문에 매우 현실적으로 답한다. 질의응답형식으로 다룬 이 책은 교육과정통합에 관심이 있는 교사(예비교사)들에게 특히 유용할 것이다.

조지아 주 중학교 연합회는 통합 수업을 계획·실행하는 교사들에게 도움이 될 만한 책을 출판하려는 저자들의 의도에 감사를 표한다.

Ronnie Sheppard

ISBN: 0-9675081-0-X

Copyright ⓒ1999 by Georgia Middle School Association.

Linda Hopping, Executive Director

● ● ●

한 교사가 아이들과 인사를 나눈 후 이렇게 물었다.
　　"여러분은 나에게서 뭘 배우고 싶나요?"

이런 대답들이 나왔다.
　　"우리 몸을 어떻게 보살펴야 하나요?"
　　"아기를 어떻게 키워야 하나요?"
　　"어떻게 살 수 있나요?"
　　"어떻게 놀 수 있나요?"
　　"무엇을 위해서 살아야 하나요?"

이 대답들을 깊이 생각해 보니, 아쉬움이 밀려왔다. 그는 스스로에
대해 배우는 이런 것들을 다루지 못했기 때문에.

　　　　　　Angelo Patri에게 이 책을 바치며…….

차 례 ● ● ● ● ● ● ● ● ● ● ● ● ● ● ● ●

번역하면서

1. 원문에서 강조하기 위해 표시된 **진하게**, *이탤릭체*, " ", ' ', 그리고 부연 설명을 위해 쓴 - : : 등은 원문 그대로 옮겼다.

2. 본문에 나오는 학생들의 이름은 원문의 의미를 손상시키지 않는 범위 내에서 한국식 이름으로 바꾸었다.

3. 학자들의 이름은 영문 표기하였다.

4. 본문에 인용된 도서명은 한글로 번역하고 ( )안에 원래 저서명을 영문 표기하였다.

5. 역자 주: 원문에 없지만 필요하다고 판단하여 주석을 붙일 경우 역자 주라고 표시하였다.

1. 교육과정통합이란?

이 질문은 교육과정통합이 아닌 것을 언급하면서 시작하는 것이 좋을 듯하다. 교육과정통합은 이전의 교육과정 및 수업에 대한 간학문 혹은 다학문적 접근을 이르는 말이 아니다: 문제 중심의 단원 개발도 아니다. 교육과정통합을 이끄는 리더 중 한 사람인 James Beane(1995)은 다음과 같이 설명한다.

교육과정통합은 여러 교과를 통합한 표면적인 변화나 수업을 재조직하는 단순한 조직상의 장치가 아니다. 차라리 그것은 학교교육의 목적이 무엇인가, 교육과정의 원천은 무엇인가, 지식을 어떻게 활용할 것인가에 대한 하나의 사고방식이다. 교육과정통합은 교육과정의 원천, 당면한 이슈들, 삶 자체와 관련된 관심사들이어야 한다는 아이디어에서 출발한다(p. 616).

더 구체적으로 언급하면 Beane(1997)은:

교육과정통합은 교과의 경계에 얽매이지 않는, 교사와 학생들이 공동으로 참여하여 편성하는, 주변의 중요한 문제나 이슈로 교육과정을 조직함으로써 학습자와 사회의 통합 가능성을 높이는 데 관심을 둔다(pp. x-xi).

여기에 교육과정통합의 중요한 4가지 특성이 있다.

1. 학생과 교사가 공동으로 교육과정을 계획한다. 학생들은 그들이 공부하고 싶은 것을 교사에게 말하지 않는다. 교사는 수업에서 리더이면서 아이들과 동등하게 참여한다. 전문가로서 교사는 학생들의 결정을 충분히 수용하여 그것을 교육적인 경험으로 이끌어 간다. 다른 한편으로, 이런 공조는 교사가 사전에 결정한 것에 학생들이 동의하도록 학생들을 조종한다는 뜻이 아니다. 무슨 일이 일어날지에 대해 미리 생각해 둔 것에서 시작할 수는 있지만 사전에 계획된 활동을 일방적으로 몰고 갈 권리는 학생과 교사 모두에게 없다.

2. 주제(theme)는 학습활동을 조직하는 기준이다. 주제는 학생들의 흥미나 관심으로부터 나오며 사회적으로 의미 있는 것이어야 한다. 따라서 요요와 같은 이런 토픽은 교육과정통합의 주제로 썩 적합한 것이 못된다. 어떤 교사들은 학생들이 주제 결정에 참여할 때, 신중하게 접근하지 않을 것이라고 생각한다. 그러나 학생들에게 그들의 관심사를 물어보면 진지하게 반응하고 정말 중요한 주제들을 구성한다. 예를 들어 **영향력**

(*Power*)이라는 주제에서 학생들은 "대중매체는 얼마나 사실이 며, 또 정직한가", "미국이라는 나라가 언제까지 가장 영향력 있는 국가일 것인가", "언제쯤이면 백인이 아니면서 기독교인 도 아닌 그리고 남성이 아닌 대통령 시대가 올까"와 같은 질 문들을 내놓았다.

3. 학습은 민주적인 교실에서 일어난다. 교실에서 민주주의 는 다수결에 의한 선거 이상을 의미한다; 민주주의는 다수결 보다는 협의과정이다. 모든 사람들은 어떤 결정이든 반대할 권 리를 갖는다. 그 반대 의견들도 존중 되어야 하며, 최종 결정 이 각 개인에게 받아들여질 때까지 설득하고 조정하는 절차를 거쳐야 한다. 교실의 모든 의사결정은 구성원들-교사와 학생- 이 진정으로 동등한 위치에 있는 가운데 이루어져야 한다.

4. 더 이상 교육과정을 교과로 규정할 수 없다. 사회적으로 나 개인적으로나 의미 있는 것이 학습의 중심이 되어야 한다. 교육과정에 교과가 포함될 수는 있지만 그 범위와 수준(계열) 이 사전에 마련·제공되어야 하는 것은 아니다. 주제와 관련이 있는 정보와 아이디어들은 어디서든 지식의 모든 영역으로부 터 탐색될 수 있어야 한다.

교육과정통합은 1990년대에 새로 나온 것이 아니다. 그 기초 는 John Dewey(1938, 1956)가 놓았는데, 그는 20세기를 시작 하면서 학교교육과정의 세 가지 원천; 교과, 학습자, 사회, 이 들 간의 조화가 중요하다는 점을 개진하기 시작했다. 듀이는 학생들에게 의미 있는 사회적인 문제가 학습의 중심이라는 점을 강조했다. 그리고 교과는 학생들이 이 문제들을 이해하고 해결할 수 있도록 도움이 되어야 한다고 했다. 이때 학습이 학생들에게 중요해지고 시민으로서 당면하는 문제 해결에 참여하도록 그들을 준비시킬 수 있다.

1930년대, 중등교육에 종사하는 대부분의 교육자들은 교육과정통합을 공부하기 시작했는데 주로 중핵 교육과정(core curriculum), 한 교사의 지도 아래서 문제중심의 블록형 시간표를 운영하는 형태였다. 비록 중핵 교육과정이 완전히 없어진 것은 아니지만 제2차 세계대전, 냉전, 스푸트니크(sputnik) 발사 사건들은 이런 식의 교육을 수그러들게 했다.

고등학생 시절 중핵 교육과정을 경험한 James A. Beane은 1990년대 중핵 교육과정 원리를 부활시키는 리더가 되었다. 그의 책, 중학교 교육과정: 수사적인 것에서부터 실제적인 것까지(A middle school curriculum; From rhetoric to reality)(1993)는 많은 사람들의 주목을 받았는데, 특히 이것은 미국의 중학교 운동(Middle School Movement)[1]에 영향을 미쳤다. 그는 교육과

---

1) 역자 주: 미국은 학제가 우리나라처럼 6-3-3-4로 고정적이지는 않다. 특히 미국의 중등교육은 우리나라의 중-고등학교가 통합된 형태가 보편적이다. 여기서 중학생의 특성을 고려하여 고등학교(high school)와 중학교(junior hight school)를 분리하고자 하는 일련의 운동이 일어났고, 이것이 중학교 운동으로 불렸다. 이 중학교 운동을 학교교육과정 측면에서 볼 때, 중학교의 교육과정은 고등학교의 그것과 차별화하는 방향으로 역으로 말하면, 초등학교의 다양한 프로그램에 더 가까워지는 방향으로 모색되었다. 즉, 중학생들의 특성을 고려할 때 보다 융통성 있는 보다 학생

정통합에 대한 아이디어를 주창했지만 이것이 자기 생각이라고 는 하지 않았다. 오히려 그는 교육과정통합의 역사와 그 뿌리를 다양하게 알려주었다. Beane의 탁월한 발표와 저술은 교육과정 통합의 개념을 더 탐구하게 하고 통합을 실행하는 수많은 교사 (팀)들을 격려해 왔다.

교육과정통합을 실행하고 있는 교실을 방문하게 되면 교실 에서의 일상 자체가 여느 교실과 다름없이 비슷해 보인다. 예 를 들어, 학생들은 혼자 혹은 소그룹에서 공부하거나 교사의 말을 듣고 있다. 학생들은 프로젝트에 참여하기도 하고 테스트 를 받기도 한다. 교사는 학생들의 도움 요청에 응하기 위해 아 이들 사이 혹은 그룹 사이를 순회한다. 관찰만으로는 알 수 없 지만, 학생들에게 말을 걸어 보면 확실히 다르다는 것을 알 수 있다. 다른 사람들을 배려하는 학습 공동체를 발견할 수 있고, 학생들에게서 학습에 대한 주인의식을 발견할 수 있다. 교사들 과 이야기해 보라. 그러면 학생과 교사 그 자체에 대해 신선한 자극을 받게 될 것이다. 상호 존중을 기초로 교사-학생들이 관 계를 맺고 있고 수업은 학생들에게 의미 있다. 교실의 모든 구 성원들이 적극적인 학습 공동체의 일원이다.

교육과정통합은 민주적인 환경에서 학습을 촉진하려는 교육 적 접근이다. 여러 가지 측면에서 학생과 학습에 대한 이런 신

중심적인 프로그램에 대한 필요성이 호응을 받았다. 이런 맥락에서 교육 과정 통합에 대한 연구나 논의가 특히 중학교 교육과정에서 활발하게 진 행되어왔다.

념을 반영하고 있다. 이것은 한때 유행하는 베스트셀러(best seller) 같은 것이 아니다. 이것은 교수-학습 과정을 생생하게 살아있게 하고 진정으로 연관되도록 하려는 교육적 접근이다.

2. 교육과정에 대한 간학문적 접근과 통합적 접근의 차이는?

이미 지적했듯이 교육과정 조직과 관련해서 여러 가지 용어들이 혼용되고 있다는 것을 어렵지 않게 발견할 수 있다. 관련 문헌들을 보면 여러 용어들이 다양한 방식으로 다양한 실제들을 설명하고 있다. 그러나 교육과정에 대한 간학문적 접근과 통합적 접근은 분명히 다르다.

둘은 연계 계획이라는 점에서 서로 유사하지만, 간학문적 접근은 여전히 각 교과 체제 안에서 일어난다. 간학문적으로 접근하는 수업의 주제는 흔히 교과로부터 나오며 주로 교사가 정한다. 교사는 주제에 기여할 수 있는 세부내용들을 정한다. 예를 들어, 식민지 시대라는 단원을 계획한다면, 학생들은 수학에서 인구 성장과 사망률을, 사회에서 역사적인 맥락을, 과학에서는 작물의 성장과 나무의 이용에 대해 공부할 수 있다. 다른 한편으로는 국어에서 학생들은 식민지 시대를 배경으로 한 역사소설을 읽는다. 이렇게 단원을 계획하는 것도 통합이긴 하지만, 이 단원은 각 교과의 내용들로 구성되고 교과의 체제는 유지되며 학생들도 교과 수업으로 인식한다([그림 1] 참조).

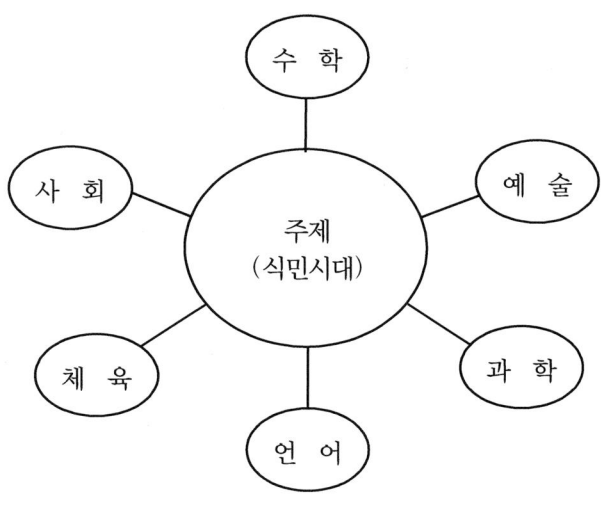

[그림 1] 교육과정에 대한 간학문적 접근

교육과정통합에서 중요한 것은 주제이지만, 이 주제는 [그림 2]에서 보듯이 각 교과로 구성되는 것이 아니라 교과 구분 없이 학생과 교사의 집단 질의를 통해 구성된다. 예를 들어 **미래 (The future)**라는 주제에서 학생들은 자신들의 미래를 예상해 보기 위해 그들 자신의 가족사를 조사할 수도 있고, 기술 발달을 연구할 수도 있고, 노스트라다무스(Nostradamus)와 심령학을 연구할 수도 있고, 미래에 대한 예언들을 모을 수도 있다.

활동들은 사람들이 문제를 탐색하고 해결하는 데 필요한 다양한 내용들을 다루기 때문에 교과도 포함된다. 학생들은 과학, 언어, 사회교과에 이어서 수학 수업을 '받는' 것이 아니라 관련 교과 및 타 분야의 지식들을 포함한 활동에 참여하는 것이다.

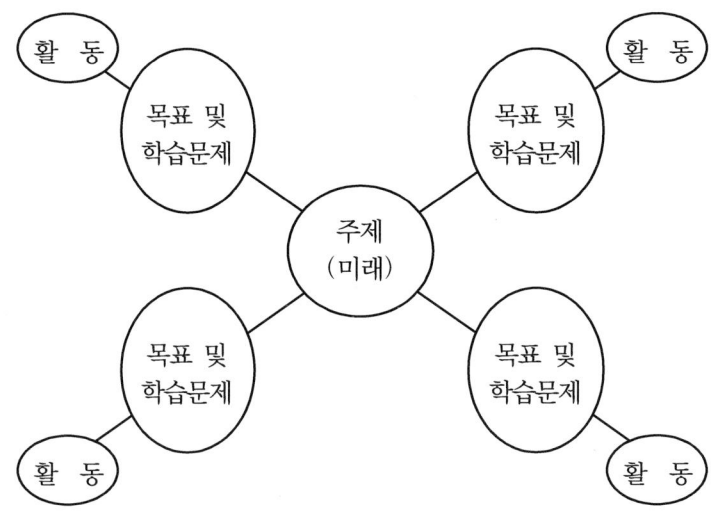

[그림 2] 교육과정에 대한 통합적 접근

주제를 선정할 때, 간학문적 접근과 통합적 접근은 서로 구분된다. 간학문적 접근에서 교사들은 일반적으로 주어진 교육과정(교과) 내에서 정한다. 사회과 교사들은 제1차 세계대전 (World War Ⅰ)과 같은 주제를 선정하는 반면, 과학 선생님들은 날씨와 같은 주제를 선정한다. 그러나, 교육과정통합에서 주제를 선정하는 과정은 학생들의 개인적, 사회적 관심사에서 시작한다. 따라서 주제들은 보다 광범위하고 변화, 협동, 갈등과 같은 개념들이 중심이 된다. 이런 주제들은 광범위하다. 주제가 선정되면 학생과 교사는 선정된 문제들을 해결하는 데 필요한 정보나 활동들을 함께 정한다. 교육과정통합은 학생들의 관심을 우선적으로 고려하여 주제를 정한다. 주제 단원에 관련된 교육과정 요소뿐만 아니라 다른 원천들도 참고하여 구성한다. 그러나 간학문적 접근은 주어진 교육과정을 기초로 주제를 선정하고 그것을 학생들에게 가장 잘 가르칠 수 있는 방법을 구안한다.

두 접근 모두 교사와 학생의 학습에 대한 책임이 상당하다 (10장, 11장을 참조하라). 간학문적 접근은 대부분 교재연구시간이나 퇴근 후 시간을 이용해서 학생들 없이 교사가 수업을 계획하는 반면, 통합적 접근에서는 학생들과 함께 수업을 계획하고, 이 계획 과정 자체가 수업의 한 부분이다. 주제는 학생의 관심사를 반영하여 선정되고, 주제에 대한 학생들의 학습을 도울 수 있는 활동이나 경험들을 찾는다. 간학문적 접근에서 평가에 대한 책임은 교사에게 일차적이고 대개는 전적이다. 그러나 교육과정통합에서는 학생들이 스스로의 학습을 평가할 수 있고, 자신의 학습에 대해 막중한 책임을 진다.

요약하면, 일련의 학습 경험을 결정하는 방식에 따라 간학문적 접근인지 혹은 통합적 접근인지 구분된다. 이를 위해서는 각각의 수업 계획에 전제된 사고방식들을 검토해보는 것이 좋다. 주제는 어떻게 구성되는가? 그리고 이런 주제에서 중요한 것은 무엇인가? 주제를 정하고 주제학습을 실행하는 과정에서는 학생들의 요구가 어떻게 반영되는가? 교과가 미리 선정되었는가? 혹은 주제를 이해하는 데 도움이 되기 때문에 끌어들였는가? 학생들은 스스로의 학습 계획과정, 모니터링, 평가과정에 어떻게 얼마만큼 참여하는가?

이런 질문들은 교육과정에 대한 통합적 접근과 간학문적 접근을 구분할 수 있게 해 준다.

> 모든 연구는 이 땅에 사는 한 사람과 하나의 삶에서 시작한다. 우리는 일련의 만족스런 세상을 갖지도 수학, 체육, 역사와 같은 것들 중의 하나만 갖는 것도 아니다. 우리는 홀로 살 수 없다. 우리는 모든 것이 함께 어우러진 하나의 세계에 산다. 모든 연구는 우리와 세상과의 관계에서 기인한다. 아이들이 다양하지만 구체적이고 역동적인 세상과의 관계 속에 산다면, 공부도 보편적인 현상으로보다는 단 한순간, 단 한 번 일어나는 유일한 현상으로 이해하는 것이 자연스럽다. 따라서 수많은 상관연구에서 제시하는 똑같은 결과가 실제에서 다시 일어나기는 쉽지 않을 것이다. 이런 역사가 주는 교훈은 교사가 극히 미미한 수치로 제시되는 모든 종류 연구에 지나치게 의지하지 말아야 한다는 점이다.
> - John Dewey, School and Society, (1990) 중에서

3. 왜 교육과정통합인가?

이 질문에 대한 궁극적인 답은 학생들의 학습을 개선하기 위해서, 학생들의 학습을 좀더 향상시키기 위해서이다. 교육과정통합은 교사들이 더 편해서, 비용이 덜 들어서, 혹은 더 효과적이어서 하는 것은 아니다. 여러 측면에서 더 힘들고 복잡하고 벅차지만, 이것이 지금까지 알려진 방법 중에서 학습을 위한 최선의 방법이고, 학생의 요청을 적절하게 충족시켜줄 수 있는 최선의 길이기 때문에 하는 것이다. 지금까지 수업에 널리 적용되어 온 방식들이 학습을 위한 최선의 방식인가, 그것이 여러 측면에서 학생들의 발달에 기여해 왔는가를 묻는다면 여러 이견들이 갈등해 왔다고 답할 수 있다. 학생의 학습과 성장을 극대화하기 위해서 교과중심의 지나치게 수동적인 학습에서 벗어날 필요가 있다. 교육과정통합에서는 시간과 교과의 경계를 상당 부분 넘어서며, 학생들은 의미 있는 학습 활동에 적극적으로 참여한다. 학습이 개선된다면 그 결과는 궁극적으로 보다 나은 학업 성취로 나타날 것이다.

학교 교육의 목표는 좀더 포괄적이고, 다양해질 필요가 있다. 일반적으로 받아들여지고 있는 기초 내용과 기본 지식의 획득을 목표로 하는 것은 변함이 없다. 기능의 특성이나 활용도 면에서 완전히 학습해야 하는 기능들 또한 마스터해야 하는 것들이다. 그러나 성장의 중요한 시기를 책임지고 있는 학교라는 기관은 학생들의 다양한 사회적·개인적 요구들을 만족시킬 책임도 있다. 이것이 사실이라면 교육과정통합을 거부할 수 없으며 우리가 목표로 하는 것도 바로 이것이다. 전통적인 교육과정에서는 이와 같은 발달 과업을 충족시켜 주기 어렵다는 인식이 확산되어 왔다. 기초 교과로 학생들을 가르치는 교사들은 10살에서 14살 학생들에게 중요한 두 가지 즉, 그들이 사회적 책임감 갖도록, 청소년들이 당면하는 사춘기의 변화를 이해할 수 있도록 도울 수 있는 적절한 기회를 갖지 못했다는 경험담을 털어놓는다.

다른 한편으로 교육과정통합은 학교 교육에서 요청되는 이런 목표들을 보다 충분히 달성하도록 한다. 지금까지처럼 전형적인 방식으로 기본적인 정보지식을 획득하는 것은 아니지만 교육과정을 통합한다고 해서 학생들이 배워야 할 내용을 덜 배우는 것은 아니다. 사실 그들은 보다 확산적인 지식을 획득할 것이다. 그리고 그들이 공부하는 것이 그들 자신의 관심과 흥미를 반영하기 때문에 시험이 끝나면 사라져 버리는 수동적인 학습으로 습득한 것보다 더 오래 기억에 남을 것이다. 통합 교육과정이 궁극적으로 거부하는 것은 외적인 동기 부여에 의존하고 있는 전통적인 교육과정을 강요하는 것, 바로 이것이다. 학생들의 관심과 흥미를 출발점으로 삼아야 한다는 말은 자주 들었지만, 이것이 교육과정과 관련되어야 한다는 것은 좀처럼 받아들여지지 않았다. 교과별 수업에서는 보기 드문 토픽들이 요즘 교육과정에서 정당하게 제 자리들을 차지해 가고 있다. 이것이 현실적으로 이루어 질 때 학생들은 학습에 대해 주인 의식을 가진다. 사실 통합교육과정에서 학생들의 적극적인 역할은 중요하다. 이것은 학생들의 학업 성취도를 높이고 학교 경험에 대한 긍정적인 태도를 갖도록 하는 데 중요하다.

기초 지식과 기능들을 가르쳐 온 미국 학교는 학생들을 민주주의 사회에서 살 수 있도록 준비시킬 책임 또한 있다. 사실 대부분의 교실에서 민주주의는 정부 조직과 다수결에 따르는 것 정도를 의미했다. 교육과정통합은 그것을 넘어서; 실제로 참여하고 실행하는 데 필요한 것들을 개발하도록 한다. 학생들은 다양한 의견들을 고려하면서 문제를 협의해서 해결하는 방법을 배운다. 학생들은 문제를 더 잘 파악하고 책임 있는 행동을 하기 위해 여러 가지 정보를 찾고 평가해서 종합하고 활용한다. 우리는 학생들에게 학교를 넘어서 지역, 국가 공동체에 대해 바람직한 방향으로 중요한 결정들을 할 수 있기를 기대한다. 교육과정통합에서 학생들은 민주주의를 실제로 경험하게 된다.

요약하면 교육과정통합은 보다 나은 실제를 보장한다. 왜냐하면 교육과정통합은 교육자, 학부모, 일반 시민들이 보편적으로 바라는 일반교육 목표(the general education goals) 달성을 지향하기 때문이다.

4. 학생들과 함께 시작하는 방법은?

　학생들은 학교에서의 경험들을 통해서 학교생활이나 공부하는 방법에 대한 여러 가지 통념(assumptions)들을 접한다. 이런 것들은 상당부분 학부모나 교사들도 공감하는데 다음은 그 예들이다.

- *교사는 학생들이 배워야 하는 지식을 알고 있어야 한다.*
- *공부할 것을 결정하는 사람은 교사이다. 왜냐하면 교사는 학생보다 인생과 학습에 대한 경험이 더 많기 때문이다.*
- *교육과정을 교과별로 조직하는 것은 교육과정을 구현하는 현실적인 최선의 방법이고 아마도 유일한 방법이다.*
- *배움이란 힘들고 지루하고 반복적이며 때로는 수없이 쓰고 암기해야 하는 고통스런 일이다.*
- *학교에서 가르치는 것은 미래를 위한 것이다.*

이런 고정관념들은 전형적인 학교교육에 내포되어 있다. 그러나 이것들을 타당하다고 할 수 있는가?

교육과정통합은 교사의 역할, 학생의 역할, 학습의 조건, 교육과정 조직과 관련된 기존의 모든 전제들에 대해 의문을 제기한다. 교육과정통합에서 교사는 학생들에게 이런 고정관념들을 재검토하도록 도와줄 필요가 있다. 이런 검토는 학기 초에 시작하지만 지금까지 수많은 경험들을 통해서 형성되어 온 그만큼의 오랜 시간을 필요로 한다. 비록 '학교교육' 같지는 않더라도 학생들은 그들이 배우고 싶은 것을 배우고 있다고 믿을 수 있을 때까지 계속 되어야 한다. 즉, 학생들이 기존의 고정관념들을 극복할 수 있도록 지속적으로 도와주어야 한다.

학생들이 이런 고정관념들로부터 벗어나기 위해서는 지속적이고 꾸준한 성찰이 필요하다. 학생들이 학습의 정체성을 확보할 기회를 가질 때, 그 학습은 학생들에게 의미 있게 된다. 간단히 다음과 같이 시작할 수 있다: "여러분들이 원하는 것, 여러분이 뭔가를 배우는 그 순간에 대해서 생각해 보라. 그때의 경험을 기술해 보라." 효과적인 학습 상황의 특성에 대해 논의해 보면, 우리가 지금 여기에서 설명하려고 하는 학습을 더 잘 이해할 수 있게 한다. 학생들은 성찰로 시작할 수도 있고 자기주도의 학습 환경을 만드는 것으로 시작할 수도 있을 것이다.

학급 운영 방침을 정하는 것도 학생들과 함께 시작하는 또 다른 방법이다. 학생들은 미리 정해진 규칙들이 제시·설명되는 그런 교실에 익숙하다. 그들은 이러한 규칙들을 지켜야 하지만 그것들이 과연 정당한가에 대해서 검토해 보지 못했다. 만약 교사가 학생들에게 자신의 학습, 행동, 발달에 책임을 질 수 있게 하려면 교실은 그 일을 시작하기에 좋은 장소이다. 학생들에게 다음과 같은 질문을 해보자. "만약 여러분이 최고의 학생이 되고 싶다면, 여러분은 수업 중이나 수업 시간 외에 무엇을 해야 한다고 생각합니까?" 라는 대화를 계속하다 보면 학생들이 스스로의 생각과 행동에 책임질 수 있는 몇 가지 일반적인 규칙을 도출할 수 있다. 즉, 학생들은 효과적인 학습 환경을 조성하는 일에 관여하게 된다. 우리는 학생들의 능력을 과소평가 해 왔다. 우리는 너무 오랫동안 학생들을 가둬 놓았고, 그들에게 수동적인 역할을 하도록 하였으며, 교실의 모든 측면들을 의도적으로 지속적으로 통제함으로써 학생들에게 생각하고 참여하고 진정으로 배울 수 있는 기회를 차단해 왔다.

학생-학생, 교사-학생 간의 긍정적인 관계 형성을 위해서는 무엇보다 학생들의 참여가 중요하다. 그러므로 이런 관계 형성을 위한 시간이 필요하다. 팀워크를 발휘해야 하는 미션이나 게임은 협동적이고 우호적인 공동체 형성에 도움이 될 수 있다. 학생들이 서로 도와서 문항을 만들고 만든 질문지를 사용해서 서로를 인터뷰한다. 인터뷰 후에 학생들은 서로에 대한 포스터를 만들어 교실에 게시한다. 이런 활동에 교사는 학습 공동체의 일원으로 참여해야 하는 것은 물론 가능한 다양한 역할 모델이 되어주어야 한다.

학습의 특성에 대한 성찰, 교실의 규칙을 함께 정하는 일,

관계를 형성하는 일에는 시간, 그것도 많은 시간이 필요하다. 어떤 사람들은 교육과정을 실행할 시간조차 빠듯하다며 이런 활동을 하는 것에 대해 회의적일 수 있다. 그러나 중요한 것은 학기 초에 이런 활동을 함으로써 남은 학기 내내 학생들은 스스로의 행동, 학습, 그리고 서로에 대해 좀더 책임질 줄 알게 된다는 점이다.

학습 환경 조성을 위한 몇 가지 활동을 하게 되면 보다 효율적으로 학업에 관심을 집중시킬 수 있다. 이런 관점에서 교사와 학생들은 실제로 함께 교육과정을 계획할 준비를 할 수도 있고, 안 할 수도 있다. 준비가 안 된다면, 다음의 몇 가지 방법들이 유용할 것이다. 교사가 계획하고 준비한 짧은 단원 수업을 한다. 그러나 그 수업은 학생들이 뭔가를 선택할 수 있도록 기획되어야 한다. 교사는 학생들에게 그들의 학습에 대해 보다 많은 결정권을 갖게 될 것임을 알려준다. 이런 수업 동안 교사는 왜 그리고 어떻게 학생들이 교육과정, 교육활동, 평가에 대한 결정권을 갖게 되는지에 대해 설명할 시간을 갖는다. 학생들은 교육과정 계획에 참여하기(책임지기) 전에 참여하는 과정을 배우게 된다.

또 다른 방법은 정치의 형태가 아니라, 다른 사람과 함께 생활하는 철학으로서 혹은 삶의 양식으로서 민주주의의 의미를 탐색해 보는 것이다. 이런 수업은 종국에는 학급 규칙을 제정하는 것으로 종결된다. 다른 교사들은 매일 일정 시간을 통합교육과정을 하고 그 외 시간은 지금까지 해온 방식으로 수업을 하는 것으로 시작하여 점진적으로 교육과정통합 시간을 늘여간다.

어떤 방법이든 교사는 학생들에게 성찰할 시간을 주는 것이 가장 중요하다. 이런 성찰은 개인, 소그룹, 대그룹 별로, 또 쓰기, 말하기, 다른 여러 가지 방법으로 가능하다. 이 성찰 시간의 필요성에 대해 간과하기 쉽지만 이런 시간이 없으면 학생들은 학습의 과정에서 그들이 어떤 역할을 하는지를 진정으로 이해할 수 없다.

교육과정통합을 시작할 수 있는 또 다른 방법들은 14장, "팀워크가 필요한가?"에도 제시되어 있다. 또 Jim Beane과 Barbara Brodhagen이 사용한 '학생들과 함께 하기 절차'가 이 책의 부록에 제시되어 있다.

요약하면 교육과정통합이 교사와 학생 모두에게 의미 있기 위해서는 학습에 대한 기존의 고정관념들과 교실 분위기 그리고 구성원들의 관계를 검토하고, 새로운 신념들을 형성해야 한다. 이 세 가지에 대한 성찰은 교과 공부를 촉진한다. 이러한 이슈들을 다루는 시간이 교육과정통합을 위한 기초가 될 것이다.

5. 교육과정통합으로
표준교육과정을 성취할 수 있는가?

교육과정통합은 국가 수준 혹은 지역 수준의 교육과정에 반한다는 선입견들이 있지만, 사실 국가 및 지역 수준의 교육과정을 부정하거나 대체하려는 것은 아니다. 다만 학생들에게 의미있는 내용을 반영하여 교육과정을 조정하고자 한다. James Beane(1995)은 "진정한 교육과정통합에서 지식은 통합의 적이 아니라 오히려 유용하며 서로 관련될 필요가 있다."(p. 616)고 밝혔다. 교육과정통합을 실행했던 6학년 교사 두 사람(Alexander, 1995)이 배운 교훈도 바로 이 점이었다. 그들은 "전통적인 교육내용을 학생중심 교육과정에서 적절하게 다룰 수 있다. 대부분의 활동에서 6학년들은 이전의 수업 시간에 다루었던 내용들을 다루거나 더 발전시킨다는 것을 알았다."(p. 56)고 했다.

전통적인 교과조직 그리고 한 두 교과를 가르치도록 교육받은 교사들은 교과 내용들이 똑같이 혹은 더 효과적으로 배열

될 수 있다고 쉽게 믿지 않는다. 그들은 교육과정통합을 통해서도 학생들이 필요한 내용을 배울 수 있다고 믿는 것은 비약이라고 말한다. 이것은 아마도 전통적인 교과조직이 기초지식과 기능들을 습득하는 데 가장 좋은 방법이라는, 첫 번째로 제기되었던 고정관념과 관련이 있는데, 확실한 것은 이것을 지지할 근거가 없다는 것이다.

지식의 급속한 증가로 어떤 학생이라도 주어진 시간 안에 배울 수 없을 정도로 과목, 교과서, 지식의 범위와 계열들은 과중해졌다. 학생들은 시험에 통과할 정도의 암기는 하지만, 그것들을 정말로 충분히 이해하거나 실생활에 적용할 기회는 거의 가지지 못한다. 교육과정통합을 하든 안하든 사람들은 교육과정 내용이 폭증되고 있다는 것을 알아야 한다.

그동안 교사들은 주어진 교육과정을 실행해야 했다. 다행인 것은 그동안 경험에서 교육과정통합이 대부분의 교과를 커버할 수 있으며, 둘은 서로 협력할 수 있다는 점을 알게 된 것이다. 이 점을 확실히 해 두기 위해서 학생과 학부모 모두에게 이수해야 할 내용을 분명하게 밝혀 두어야 한다.

교사는 이수해야 할 교육과정 목표나 내용을 항상 상기할 수 있도록 학기 내내 게시판에 게시해 둘 수도 있다. 그 게시판은 학생들이 단원 및 수업을 계획할 때, 관련시키거나 포함시킬 수 있도록 돕는다. 토네이도나 허리케인에 가장 안전한 집에 대한 문제를 해결하는 수업에서 8학년 두 남학생은 그런 집 모형을 설계해서 만들기로 했다. 그들의 계획 중 하나로

Josh와 Lee는 포함되어야 할 교육과정 목표들을 뽑았다. 그들은 계절, 건물구조, 건축 재료와 가격, 여러 가지 자연재해를 입을 수 있는 지역 그리고 건축설계에 대해서 공부했다. 또 그들은 조사하기나 읽기 기능들을 익혔고 문제 해결에 필요한 정보를 찾기 위해 효과적으로 인터뷰하는 것을 배웠다. 한 프로젝트를 통해서 그들은 수학, 사회, 국어, 과학 교과에서 제시하는 15개의 목표들을 다뤘다.

교육과정통합에서 모든 학생들이 같은 시간, 같은 정도의 정보를 획득하는 것은 아니다. 그래서 교사는 주어진 교육과정 내에서 학생들 개개인이 좀더 나아질 수 있는 방안을 모색해야 한다. 이를 위한 한 가지 방법은 게시판에 게시된 것처럼 각 학생들을 위한 교육과정 목표 목록을 만드는 것이다. 매주 혹은 프로젝트를 마무리할 때, 학생들은 각자의 목표들을 적절하게 성취했는지 여부를 알아보기 위해 교사와 함께 자신의 리스트를 검토한다. 대부분의 교육과정에서는 몇몇 목표들을 반드시 마스터하기로 하고 또 다른 몇 가지들은 한 번 탐색하거나 검토해 보는 것 정도를 권장한다. 이렇게 목표를 구분하는 것은 교육과정 포스터뿐만 아니라 각 학생들의 개인 리스트 작성에서도 유용하다.

어떤 경우 교육과정에 진술된 목표들은 교육과정통합의 주제에 적절하지 않을 수 있다. 하나의 목표가 부분적으로 나눠지기도 한다. 수학이 주로 이러한데 수학적 기능들은 특별한 상황들을 준비하지 않으면 생활에 적용하기 어렵기 때문이다.

이렇게 계획하기 힘든 수업은 교실에서 교사가 직접 가르칠 수 있다. 교사가 교육과정통합과 이수해야 할 교육과정에 충실할 때, 학생들은 그들의 계획에 적절하지 않는 수업이라도 거부하지 않는다. 때때로 학생들은 기꺼이 교육과정통합에서 하려고 했던 활동들을 포기하기도 한다. 그럴 때 통합 주제에 포함되지 못한 것들을 가르칠 수 있다.

수학은 교육과정통합이 주로 관심을 갖는 교과이다. 어떤 교사들은 수학을 다른 활동과 분리해서 가르치기도 한다. 실생활에서 유리된 수학보다 우리는 수학을 더 잘 인식하고 더 잘 가르칠 수 있는 방법들에 대해 이야기하고 있다. 8학년에서 모든 학생들은 대수를 공부한다. 교사와 학생들이 실생활에서 대수 모형을 찾고자 할 때 교육과정통합이 적합하다. 프로젝트를 수행하는 동안 학생들은 현장학습에 필요한 돈을 모으기 위해 과자를 팔았다. 그들은 매일 다른 가격으로 과자를 팔았고 과자 가격의 변화에 대한 데이터를 모았다. 이런 데이터로 그들은 최대 이윤을 위한 최적의 가격을 예측하는 방정식을 풀었다. 다음 수업으로 학생들은 유사한 방식으로 방정식을 푸는 방법들을 공부했다. 학생들은 방정식을 풀었을 뿐만 아니라, 당면하는 상황을 대수적으로 설명했다. 이렇게 수학도 교육과정통합에 적절할 수 있다. 수학을 교과서에서 제시하는 것처럼 꼭 그렇게 가르칠 필요는 없다.

이수해야 할 교육과정을 미리 계획해서 주제 단원에서 가르치는 것은 매우 제한적일 수밖에 없다. 이런 요청은 교육과정통합을 어렵게 한다. 그러나 대부분의 주정부에서는 이렇게 엄격하고 규정적인 표준을 교사들에게 강요하지는 않는다. 예를 들어 Georgia의 중핵중심교육과정은 의미 있는 교육과정을 위한 도전이다. 교사와 학생들에게 제시된 목표들을 달성하기 위해 시간표를 조직하고 더 의미 있고 도전적인 상황들을 제공한다.

> *교과 시간표는 지식에 대한 통합적인 관점보다는 분과화된 관점을 반영한다. 결국, 학교교육은 점점 인위적인 것이 되고 사람들의 일상 경험과 단절된다. 이것은 다시 한번 고려해 봐야 한다.*
>
> *- John Goodlad*

6. 학생들의 성적이나 기초학력이 저하되지 않을까?

앞의 질문에서 설명했듯이 교육과정을 통합하는 교사들은 이수해야 될 교육과정 목표를 달성할 수 있는 통합 전략을 사용한다. 그러나 이런 전략과 실제 학습은 매우 다를 수 있다. 교육에 대한 일반적 견해나 임상 연구 결과들은 교육과정통합을 통해서 학습이 향상된다고 지적한다.

모든 교사들은 학생의 학습을 돕고자 하며, 교육과정을 통합하는 교사들 또한 예외는 아니다. 그러나 그들은 학업 성취보다는 삶의 방식으로서 민주주의를 이해하는 것, 생활과 연계하는 것, 학생들이 스스로를 좀더 잘 이해할 수 있도록 돕는 것에 더 관심을 둔다. 이는 공부를 하지 않겠다는 것이 아니라, 학교교육에서 학생들의 요청을 이해하고 모종의 균형이 필요함을 주장하는 것이다. 기초를 습득하는 것이 학생들의 학습에서 중요하지만, 그것도 일부분이다.

의미 있는 상황을 만드는 것, 그것은 기초기능을 습득시킬 뿐 아니라, 그것을 넘어서도록 한다. 직선 측정을 예로 들어 보자. 수업 시간에 학부모와 지역주민을 위한 공연 극본을 썼다. 연극 준비의 하나로 학생들은 무대를 계획하고 설치했다. 목수들의 도움을 받아서 그들은 무대를 디자인했고 나무를 사서 재고 잘랐다. 자른 나무토막들을 모아 놓고 보니 토막들이 서로 맞지 않았다. 학생들은 그들이 측정한 것을 다시 점검했고 잘못 잰 토막 하나를 찾았다. 다행히 그 나무토막은 너무 길었고 그래서 잘못된 것을 쉽게 바로잡았다. 이 경험을 통해서 학생들은 정확하게 측정하는 방법뿐만 아니라 정확하게 측정을 하지 않았을 때 미치는 영향과 정확한 측정의 중요성을 체험했다. 학생들은 여러 가지 기능이나 지식과 더불어 풍부한 상황에서 측정 기능을 익혔다.

다른 교과의 예를 보자. 용도에 맞는 글쓰기는 중학교 쓰기 교과의 일반적인 목표 중 하나이다. 전통적으로 교사는 필요한 정보를 제시하고 학생들은 가상의 편지를 쓰고 평가를 받았다. 그러나 교육과정통합에서 쓰기는 평가를 받기 위한 쓰기 이상의 의미가 있다. 학생들은 엘살바도르(El Salvador)의 한 마을 사람들이 땅을 살 수 있도록 돕기 위한 기금을 모으기로 결정했다. 이를 위해 학생들은 댄스 경연대회를 열기로 하고 다과와 상품을 무상으로 제공하기로 하였다. 학생들은 지역의 여러 단체에 기부를 청하는 편지를 썼다. 이 이벤트를 성공적으로 수행하고 기부금을 더 많이 모금하기 위해서는 학생들이 쓰는 편지에 오류가 없어야 했고, 정확한 형식을 갖추어야 했다. 이를 위해서 선생님은 정확한 편지 형식을 검토해 주고 학생들이 잘못 쓴 편지를 수정하도록 도와주었다. (여러 곳에서 많은 상품과 음식을 기부했다.) 학생들은 이런 종류의 편지 쓰기 방식을 배우는 데 매우 열심이었다. 학생들에게 편지 쓰기 공부가 요청되었기 때문이 아니라, 편지는 그들이 계획한 이벤트에 중요했기 때문이었다.

이 외에도 통합을 통해서 학생들이 기초 기능들을 학습할 수 있다는 주장을 뒷받침하는 다른 사례가 많다. 그러나 대부분의 선생님들이나 학생들에게는 이런 성공담이나 주장보다 표준화 평가가 더 중요하다. 교육과정통합에 참여한 학생들이 기초기능을 테스트하는 아이오와 테스트(Iowa Test) 같은 시험을 잘 칠 수 있을까? 아직은 추수 연구의 결과들이 이 질문에 명확한 답을 제시하지 못하고 있지만, 교육과정통합을 실행해 온 몇몇 교사들이 검토한 그들 학생들의 시험 점수를 보면, 학생들이 전통적인 교육을 받은 학생들만큼 기초를 습득했을 뿐만 아니라 오히려 더 나았다고 밝혔다.

조지아(Georgia)주의 한 교사, Elaine Homestead는 교육과정통합에 참여한 그녀의 반 학생들의 ITBS 점수를 그녀가 근무하는 중학교의 전 학년의 ITBS 점수와 비교해 보았다. 영재로 판명된 아이들을 제외했음에도 불구하고 분리해서 독립적으로 가르친 수학을 제외한 모든 평가에서 성적이 더 좋았다.

Mark Springer(1994)와 그의 동료 Silcox는 통합교육과정 '분

기점'(Watershed)을 매우 성공적으로 실행했다. 12년간의 경험을 기초로 이 프로그램의 개발자들은 다음과 같이 주장했다: "우리가 시대에 뒤떨어진, 사전에 결정된 단일 교과 내용을 가르치는 것보다 교육과정에 학생들의 관심과 흥미를 반영·수용할 때, 학생들은 더 많은 성취를 느끼고, 학습에 더 열심이다"(p. 129). 7학년 전체를 대상으로 한 이 프로젝트에 참가한, 지금은 8학년이 된 학생들은 학업 성취에 별 문제가 없었다. 오히려 더 솔선수범하거나 뛰어난 리더십을 보여주었다.

교육과정통합을 통해서 어떻게 기초기능을 더 잘 습득하는가를 증명할 수 있는 확실한 근거는 아직 없지만, 기초기능을 평가하는 표준화 시험에서 적어도 전통적인 교육을 받은 학생들만큼은 성적을 낸다는 증거들은 있다. 다시 말해서 지식과 기능은 적용될 때 학생들이 더 잘 습득하고 더 잘 숙달하고 더 오래 보유할 수 있다.

Martin Haberman은 좋은 수업에 대해 다음과 같이 말한다.

좋은 수업이란 학생들이 다음과 같은 일을 할 때이다.
- 생생한 이슈들을 다룰 때
- 서로의 차이점을 탐구할 때
- 그들이 원하는 것을 하도록 할 때
- 공정, 평등, 정의와 같은 이념들을 다룰 때
- 실험하고 참여하고 무엇인가를 구성할 때
- 현장 학습을 통해 직접 경험하고, 지역사회나 관련 분야 사람들을 직접 만나 볼 때
- 다양한 가치관을 가진 이질 집단에 참여하여 전략을 세우고 같은 수업에서 다양한 과제를 수행하고 대안이나 해결책을 제시하는 활동에 적극적으로 참여할 때
- 상식을 깨트리는 것에 대해 생각해 보게 하거나, 전폭적으로 수용할 수 있는 가설을 세우고, 비교하고, 분석하고, 종합하고, 평가하며, 일반화해 보도록 할 때
- 스스로의 과제를 다시 해보고 마무리하고 완성할 때
- 정보에 접근할 수 있을 때
- 그들 자신의 삶을 성찰하고, 그들이 하는 일을 얼마나 믿게 되었는가를 성찰할 때

- Phi Delta Kappan 72 (4), 1991

7. 탐구학습과 학습 향상에 기여하는가?

　교육과정통합의 본질은 탐구와 보다 나은 발전(향상)에 있다. 교사와 학생들은 교육과정을 이수하는 것만으로는 부족하다. 교육과정을 통합할 때, 교사와 학생들이 하는 거의 모든 활동들은 탐구활동 범주에 속한다.

　학생들의 특성은 강한 호기심과 모험심에 있다. 그들은 "어째서?" "왜?"라고 묻는다. 그들은 발견을 위해 증명하고; 실험하고; 새로운 것을 찾는다. 학생들의 이러한 탐구 욕구를 충족시켜 주는 학교가 현재로서는 별로 없다. 필수 탐구 영역의 한두 싸이클 정도는 잘 수행하지만 그것만으로는 학생들이 경험하고자 하는 새롭고 다양한 요구를 만족시키기 힘들다. 그러나 통합교육과정에서 자유로운 조사활동은 학생들에게 4대 기본 교과를 넘나들도록 그리고 여러 가지 기술과 기능들을 적용할 수 있게 한다. 그래서 교육과정통합은 탐구학습처럼 탐구와 더 발전하는 것을 지향한다.

개별화 수업의 전통은 오래되었지만, 그것이 좀처럼 학교 학습 방식으로 정착하지는 못했다. 학생들은 교사의 충실한 지도를 받아야만 공부를 한다고 생각해 왔다. 그러나 교육과정통합에서 학생들은 특정한 토픽이나 자신의 관심을 바탕으로 한 개별 학습의 기회를 갖는다. 다음 두 예가 이를 설명해준다. 각 가정의 족보와 가보를 공부한 6학년들의 프로젝트에서 한 남학생은 그의 친척들의 사진 콜라주를 만들기로 했다. 그는 35mm 카메라를 빌리고 사진 찍는 법, 흑백사진 뽑는 방법을 배웠다. 그의 탐구활동에는 그의 가족사뿐만 아니라 사진 찍는 기능까지 포함되었다. 또 다른 아시아계 학생은 전통음식을 탐구했다. 그녀는 가정 요리 방법들을 수집하고, 모둠원들과 함께 반 친구들을 위한 전통 음식 식단을 차렸다. 이 두 예는 교육과정통합이 해야 할 공부나 수업을 하면서 학생들이 자기 자신과 개인적 관심사를 어떻게 탐구하고 있는가를 보여준다. 이 두 사례에서는 내용과 기능 학습이 동시에 일어났다.

요약하면 교육과정을 통합적으로 실행할 때, 학생들은 지금까지 해 온 학문중심의 교과 교육과정체제에서 한 공부보다 더 새롭고 더 다채로운 학습에 더 적극적으로 참여하며 이를 통해서 학습에 대한 책임감을 더 갖게 될 것이다.

8년 연구의 30개 실험 대상 학교 중 한 학교의 교사였던 James Michener는 연구 후반부에서 teaching에 대해 다음과 같은 생각을 했다.

나는 나의 학생들이 졸업 후 대학생활과 사회생활에서 높은 성취를 얻고 있다는 것을 알았다. 나는 항상 진보주의 교육을 그냥 저냥 노는 것쯤으로 보아 왔고 진보주의 교육이 실패했다 혹은 학습적으로 도덕적으로 방관자적이라고 여겼다. 적어도 나의 경우, 우리 교실에서 내가 가르쳤던 것은 당시 미국에서 가르쳐야 했던 것들, 개인의 학습과 발달에 대한 일반적인 모형에 크게 벗어나지 않는 것들이었다. 그해 내내, 전년도 나의 제자들은 항상 그들이 똑같은 방식으로 그해를 지냈다고 나에게 편지를 보내왔다. 실패가 뭔가? 그것은 내가 아는 가장 훌륭한 성공 중 하나이다.

나에게 어떤 영향을 미쳤는가에 대해: 그것은 내 인생에 자유를 주었고 주인의식을 심어 주었다. 나를 배우는 사람, 주관이 뚜렷한 사람이 되게 해 주었고 교육과정통합을 실행할 용기 있는 사람으로 만들었다. 나는 나의 제자들이 모두 내가 가진 이런 경험을 할 수 있기를 바란다. 모든 교사들이 내가 교육과정통합을 실행하며 느꼈던 성취감을 알 수 있기를 바란다.

- [The eight-year study revisited:
Lessons from the past for the present]에서 인용

8. 수업 자료를 어떻게 확보할 것인가?

교육과정을 통합하고자 할 때, 수업 자료로 교과서만으로는 충분치 못하다. 교과서는 **유일한** 자료가 아니라 **하나의** 자료이다. 자료실(media center)에서는 관련 수업 자료들을 제공하며, 그 자료들은 이전에 활용되었던 것일 수 있지만 이전보다 더 잘 활용될 것이다. 그러나 자료 면에서 가장 큰 차이점은 '무엇' 뿐만 아니라 '누구'에 있다. 적절한 교육 자원 및 자료를 확보하는 것은 더 이상 교사 혼자만의 일이 아니다. 앞의 질문들에서 강조했듯이 교육과정통합에서 학생들은 교수-학습 과정의 중심이다. 교사의 지도 아래, 학생들은 문제를 해결하는 데 직접적으로 필요한 모든 종류의 정보, 그런 정보를 어디서 찾을 것인가를 의논한다. 신문, 잡지, TV프로그램 등 모든 것들이 활용된다. 학생들은 인터넷을 검색하고, 가능한 출처를 찾고, 관련자와 인터뷰 약속을 하고, 여러 기구나 기관에 편지를 쓴다.

　다방면의 정보 검색, 이 자체가 학습하는 방법(how to learn)
을 배우는 과정이다. 조사하고, 연락하고, 녹음하고, 전사하고,
적절한 인적·물적 정보를 효과적으로 활용하는 이런 동시 다
발적인 학습을 통해서 정말 중요하고 좀더 독립적인 학습자가
된다. 더불어 자료의 신뢰성과 타당성을 평가하는 경험은 국가
수준/혹은 지역수준의 표준 교육과정에서 요구하는 것이기도
하다.

　M에서 1년 동안 통합교육과정 실행 연구에 참여해 온 6학년
의 두 교사(Alexander, 1995)는 다음과 같은 결론에 도달했다.

> 　지역사회는 학교교육 프로그램을 풍성하게 할 수 있는 다
> 양한 자원을 제공할 수 있다. 모든 지역사회는, 심지어 작은
> 시골일지라도 교육적으로 중요한 자원이다. 그것들은 전통적
> 인 인쇄 자료들과는 다른 형태지만 지역사회에서 나온다. 학
> 생들은 지역의 자원을 점유하고 그것에 접근하는 실력을 갖
> 게 되었다. 그들은 정보를 얻는 데 필요한 많은 사람들에게
> 편지를 쓰고, 전화하고, 인터뷰했다……. 그들은 다양한 측면
> 에서 자신들의 학습 프로젝트에 도움이 되는 사람들(부모 및
> 지역의 인사)을 끌어들였다.(p. 60)

　학생들은 그들이 발견한 것이나 학습한 것, 주로 구어·문어
적 형태의 자료들을 서로 공유할 것이다. 이 과정에서 그들은
서로에게 실질적인 교사이다. 오래 전에 이미 개발된 학습 피

라미드에 의하면 정보지식을 보유하는 최상의 방법은 다른 사람에게 가르치는 것이다.

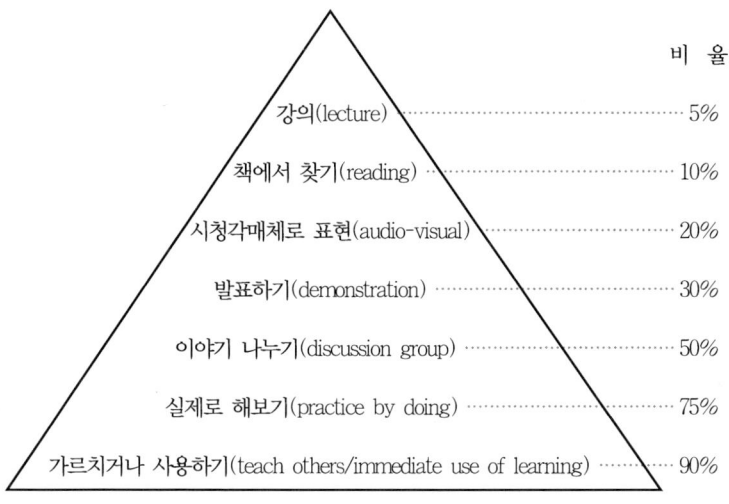

비 율

강의(lecture) ·· 5%

책에서 찾기(reading) ································· 10%

시청각매체로 표현(audio-visual) ······················· 20%

발표하기(demonstration) ···················· 30%

이야기 나누기(discussion group) ·············· 50%

실제로 해보기(practice by doing) ················ 75%

가르치거나 사용하기(teach others/immediate use of learning) ········ 90%

[그림 3] 학습피라미드-National Training Laboratories, Bethel, Maine

교육과정통합은 피라미드의 맨 아래 층에 있기 때문에 수업이 전개되기 이전에 수업을 위한 1차 자료를 준비할 필요가 없어졌다. 수업의 측면에서 교육과정통합은 패러다임의 변화이다.

9. 학부모에게 정보를 제공하고 그들을 참여시키는 방법은?

학부모들을 참여시키고 그들에게 정보를 제공하는 방법이나 시기는 교사-학부모 간의 유대관계 정도에 따라 다르다. 학부모의 지지 없이 교육과정통합을 실행하기는 쉽지 않다. 학부모들은 자녀의 교육에 적극적으로 참여할 권리가 있고, 학생들은 부모의 참여를 요구할 자격이 있다. 교육과정통합이 학부모에게 생소하기 때문에 처음에 그들은 회의적일 수 있다. 따라서 교육과정통합이 실행되기 전이나 실행되는 동안 매번 학부모들에게 정보를 제공하고 그들을 참여시킬 필요가 있다.

교사나 교장은 여러 가지 방법으로 부모들을 준비시킬 수 있다. 첫째, 학생들이 교육과정통합에 참여하기 전에 학부모들을 참여시키는 방법이다. 교육과정통합이 전 학년 혹은 몇몇 학년에 적용되는가 하는 문제와 마찬가지로 전체 교사가 참여할 것인가 아니면 일부 교사만 참여할 것인가 하는 문제에 따라 여러 가지 사안들이 달라질 것이다. 학부모들이 선택해야한다면, 학교는 부모들이 그들 자녀를 위한 최선의 선택을 하도록 정보를 제공할 책임이 있다. 어떤 경우든 학교는 교육과정을 통합하는 철학이나 실질적인 정보를 제공할 수 있고 또그렇게 해야 한다. 쉬운 용어로 설명된 안내 자료가 적절할 것이다. 저녁에 모이는 학부모 모임을 이용하는 것도 좋다.

학생들이 특정 학급이나 팀을 선택하게 될 때도 부모가 참여할 수 있다. 교사는 교육과정통합을 안내하는 가정통신문을 보낼수 있으며 학부모와 함께 교육과정 협의회(curriculum meeting)시간을 마련할 수도 있다. 이런 일들은 또한 학생, 학부모, 교사가 일년 동안 서로 좀더 잘 지낼 수 있는 계기가 되기도 한다.

실제로 어떤 교사들은 아이들과 학습을 시작하기 전에 학부모에게 수업 계획의 과정을 보여준다. 이렇게 함으로써 그들이직접 느낄 수 있을 뿐만 아니라, 주제에 대한 관심 그리고 필수 교과가 포함되어 있다는 것을 알 수 있기 때문이다. 이런시간을 갖는다면 학생들의 성취와 적극적인 참여에 필요한 파트너십이 조성될 것이다.

부모들은 그들 자녀들이 꼭 해야 할 교육과정을 이수하는가의 여부, 그래서 상급 학교 교육을 적절하게 준비할 수 있는가의 여부에 일차적으로 관심을 갖는다. 55쪽에 실린 편지를 쓴학부모는 이 점을 지적하고 있다. 교사는 꾸준한 의사소통을통해서 그리고 그 책임을 학생들과 함께 짐으로써 부모들이계속 관심을 갖도록 할 수 있다. 정기 미팅, 통지표, 전화뿐만 아니라 학생들이 최근에 한 활동과 그들의 발전, 성취한 교육 과정 목표, 앞으로 전개될 것 등에 대해서 설명하는 편지를 정기적으로 쓰는 방법도 있다. 이런 보고를 통해서 학생들은 그들이 배우고 있는 것을 부모와 대화할 뿐만 아니라 자신의 학습 과정을 성찰할 기회를 갖는다. 이런 간단한 활동을 통해서 학생들은 학생-부모 간에 타협하는 능력들을 배운다.

교육과정통합에서 학생들은 프로젝트를 수행하는데, 그 결과는 포스터, 전시, 공연, 예술 활동, 다양한 형태의 인쇄 자료들을 남긴다. 학생들은 그들의 창의성을 서로 나누고 프로젝트에 대해 이야기하고 보여주기 위해 학부모를 초청하여 학생, 교사, 학부모 간의 상호 작용을 촉진한다.

학부모들은 자녀들의 학업 성취에 대한 정보를 받는 사람이면서 교실에서 중요한 역할을 하는 사람임을 알게 된다. 교육과정통합은 교실이나 학교 도서관을 넘어서 학부모들이 경험한 다양한 경험과 전개되는 학습에 필요한 다양한 전문가 자원을 필요로 한다. 학년 초에, 교사나 학생들은 학습 도우미뿐만 아니라 관련 분야의 학부모 전문가를 찾을 수 있다. 어떤 학부모는 학급 전원을 대상으로 어떤 학부모는 그룹이나 개별 학습을 도와줄 수 있다. 물론 교사들은 모든 학부모들이 학급 활동에 직접 참여할 수 없다는 것을 알고 있다. 하지만 그들은 또한 지역사회에서 어떤 분야의 전문가일 수도 있다.

학부모는 자녀의 첫 번째 선생님이고 일차적인 전문가이다. 교실에서 공부한 학습의 결과가 가정에서 어떤 진척을 보이는

지, 그들의 행실에 어떤 변화가 일어나고 있는지에 대해 가정으로부터 오는 피드백은 교사에게 유익한 정보가 될 수 있다. 학부모가 그들 자녀에 대한 실질적인 정보를 요청하는 것은 대부분의 교사에게 엄청난 업무이고 그들 관계가 제대로 형성되어 있지 못하면 그것은 굉장히 힘든 일이기도 하다. 그러나 서로의 의사가 소통되고, 서로가 개방적이고, 서로에게 진솔하고, 서로 존중하는 가운데 대부분의 어려움들은 극복된다. 모든 피드백이 긍정적인 것은 아니지만 대부분은 고려할 만한 것이다. 부모들이 자녀의 교육과정통합에 충분히 참여하게 하려면 교사들이 그들의 비판이나 호응에 대해서 개방적이어야 한다.

부모의 피드백은 협의회, 질의, 가정에 설문지 보내기, 소규모 학부모회의 개최, 전화 연락, 학교 일과 전후의 수시 방문 등 다양한 경로를 통한다. 교사가 학부모의 요청, 수용, 반발을 진심으로, 개방적으로 수용한다면, 그것은 교육과정통합에 긍정적인 영향을 미치게 된다.

·········

이번 학기에 우리 아이들을 훌륭하게 가르치신 선생님께 정말 감사드립니다. 종민이는 고등학교 진학에 필요한 것들을 정말 스스로 학습해 왔다고 생각합니다.

나는 종민이가 그의 미래나 고등학교 진학에 필요한 것을 공부하고 있는가에 대해 계속 걱정하고 있는 그런 부모입니다. 왜 이런 심정을 쓰는지! 아마도 우리에게 고등학생 자녀가 있기 때문이 아닌가 싶습니다. 우리는 종민이가 잘한 것-중요한 것을 잘 준비한 것-이고, 어떻게 해야 한지 안다고 생각합니다.

선생님께서 해 오신 교육은 지금까지 종민이가 거쳐 온 어느 학급보다 학생들의 요청을 수용했고 이것은 중학교 마지막 학년에게 특히 적절해 보입니다. 앞으로도 잘 부탁합니다.

그럼,

종민이 부모 올림

10. 교사의 역할은?

교육과정통합에서는 교사의 역할이 크게 변한다. 교수자(instructor)에서 감독(director)으로, 유일한 권위자(sale authority)에서 촉진자(facilitator)로, 지식 제공자(giver)에서 조직자(organizer)로, 화자(talker)에서 청자(listener) 혹은 관찰자(observer)로 변한다.

아마도 교사가 가장 적응하기 힘든 것은 통제를 포기하는 일일 것이다. 교사 교육이나 현직 연수를 통해서 교사들은 항상 학생들의 학습과 행동을 통제해야 한다고 배웠다. 통제를 완전히 포기한다는 것은 놀라운 일이다. 행동주의의 예상과 연구 결과들에 대해서는 다시 논의해 볼 소지가 있다. 교사는 전개될 학습이나 수업에 대해 완벽한 사전 계획을 세울 수 없다. 매주, 매시간 해야 할 것들을 세세하게 계획하는 일에서 벗어나자. 융통성을 발휘하는 것이 사전에 예측하는 것보다 더 중요하게 되었다. 공부와 관련된 통제나 책임은 학생들과 나눠야 한다. 교사는 최선의 것들을 말해주기보다는 학생들이 최선의 결정을 하도록 도와주어야 한다. 교사에게 기대되는 이런 역할은 학생이 할 수 있다는 믿음, 그들이 학습에 진지하게 참여할 수 있고, 하게 될 것이라는 신념을 필요로 한다.

학교교육에서 교사는 "지혜의 원천"(the fountain wisdom)으로 간주되어 왔다. 대중교육으로서 학교교육과 관련된 격언은 **아는 것이 힘**(Knowledge provided here)이다. **담을 그릇을 준비하라**(Bring your own container)와 같은 말들인데, 이 말은 학생들이 교사가 가르치는 것을 수동적으로 받아들인다는 의미를 함의하고 있다. 이런 역할로는 교사의 지식을 나눠 갖는 데 한계가 있다. 교육과정통합에서 교사의 역할은 변할 수밖에 없다. 학생들은 교사도 딱히 해결책을 갖고 있지 않는 문제들: 예를 들어 과학기술의 발달은 결국 우리를 파멸시킬 것인가, 세계는 왜 이렇게 폭력적인가와 같은 문제들을 다룬다. 교사는 전문가로서 학생들이 이런 문제에 효과적으로 접근할 수 있는 학습 계획을 세우도록 돕는다. 그러나 이런 교사의 역할을 적절하게 수련할 수 있는 대학의 강좌는 없는 실정이다. 교사는 이미 경험한 혹은 습득한 지식을 전달하기보다는 학생들이 필요한 정보를 찾도록 해 주어야 한다.

교사는 지식의 제공자이기보다는 탐구를 출발시키는 사람이며, 교사의 역할은 교실을 넘어선다. 교재연구를 하고 단원을 준비해 본 대부분의 교사들은 그 단원이 학생들의 관심 밖일 때 아무 소용이 없다는 것을 안다. 교육과정통합은 학생들을 학습 계획에서부터 참여시킨다. 그래서 교사는 이제 창의적이고 역동적인 학습에 대한 책임을 혼자 감당하지 않는다. 교사들은 여전히 수업을 계획하고, 자원 인사를 배치하고, 도움을 받기 위해 동료 교사들을 만나고, 학급 전체나 개인의 진보와 곤란에 관심을 갖고 그것에 대응할 방안들을 강구하지만 수업 계획에 학습자를 배제하지도 않는다.

교사가 교실을 완벽하게 통제하려면 학습에 대한 비전을 설명해야만 한다. 교사가 교실을 통제할 때는 학생과 함께 해야 한다. 더 이상 교사의 의견만이 유일하거나 중요한 것이 될 수 없다. 교사는 학생들을 이해하고 그들의 학습을 촉진시키기 위해 학생들에게 귀를 기울여야 한다.

학생에게 귀를 기울이는 또 다른 방식은 관찰이다. 교육과정통합을 실행할 때, 교사는 학생들이 서로 관계를 맺고 성장하는 것뿐만 아니라 그들이 좌절하고 실패하는 것까지 지켜보게 된다. 교사는 학급 전체 토의, 소그룹 활동, 개인적인 반응들에 대해 민감하고 섬세하게 대응하게 된다. 교사가 가르칠 때는 거의 관찰할 수 없다. 수업에서 한발 물러나서 볼 때, 교사는 교실에서 일어나는 일들을 관찰할 수 있다.

교육과정통합에서 교사는 학생**에게** 말하는 것이 아니라 학생**과** 대화하며 어른들과의 거리감을 방치하는 것이 아니라 그들의 학교생활을 함께하는 데 많은 시간을 할애한다. 학생들이 스스로 인정할 때, 그들은 다른 사람들이 자신의 관심과 그들 자체를 관찰하도록 허용한다. 교사가 학생들의 관심사들을 무시하고 오로지 공부에만 개입한다는 것은 불가능한 일이다. '10대들의 이슈'라는 단원에서 학생들은 과식에 대해 관심을 가졌는데, 이 문제는 몇몇 학생들이 식욕부진과 다식증 증후를 나타내면서 표면화되었다. 이 단원에서 교사는 학생들이 지금 앓고 있는 과식증을 무시하면서 과식증의 과학적 측면이나 심리적 측면을 가르칠 수는 없었다. 학생들이 과식 문제를 처음 알아차렸고 양호교사를 이 문제에 끌어들였다. 모든 교사의 안내가 이렇게 역동적인 것은 아니다. 교육과정통합에서 교사는 언제나 학생들의 개인적 흥미나 관심사를 함께 나누고 이런 개인사는 교실 수업에 영향을 미친다.

교육과정통합에서 교사는 자신이 조언자(adviser) 역할을 하는 것을 알게 된다. 왜냐하면 이런 소그룹에서는 개개인과 더 많은 시간을 갖기 때문에 교사는 학생들을 실질적으로 지원한다. 많은 교사들이 학생들을 진심으로 보살펴지만 학생들 개개인의 요청을 들어줄 수 있는 관계를 형성하거나 이해할 수 있는 기회는 별로 없다. 교육과정통합에서 교사들은 이와 같은 관계를 형성할 수 있는 적절한 기회를 갖는다.

학생들의 요청에 덧붙여서 교사는 실제로 학교교육을 비판적으로 검토하고 있는 자신을 발견하기도 한다. 50분 동안 120명의 각각 다른 학생들을 개인적으로 가르치는 것은 불가능하지만 교육과정통합은 정숙한 교실에서만 학습이 일어난다고 생각하지 않는다. 교육과정을 통합하는 교사들은 이런 것들을 경험한다. 교사는 주변의 여러 장애물 속에서 혹은 그것들을 제거하면서 가르쳐야 한다. 어떤 사람은 둘 다 한다. 우리 주변에는 이런 교사의 역할 변화를 수용하는 교사들이 있다.

전문적 관계 또한 변한다. 교육과정통합을 하는 어떤 교사들은 의미 있는 교육과정을 찾는 다른 교사들을 리더 한다. 또 다른 교사들은 스스로 이렇게 노력하는 교사들 가운데서 자신이 혼자라는 것을 느끼기도 한다. 흔히 혁신적 교사로 불리는 사람들이 교육과정을 통합하는 교사가 되는 경우는 드물다. 전문적 관계와 관련된 문제들을 충분히 생각함으로써 교육과정을 통합하는 교사들은 그 전문적 관계에 영향을 미칠 수 있다. 혹은 그 관계가 미치는 영향에서 좀더 쉽게 벗어날 수 있다.

교육과정을 통합할 때, 교사의 역할 변화는 교실에서 그리고 교실 밖에서도 나타난다. 변화는 불편하지만 학생들을 지원하고 실제에 부응한다. 교육과정통합에 참여하는 교사들은 개인적으로 전문적으로 성장하는-교사 전문성 신장의 기회를 갖는다.

> *우리는 분과화된 교과에 대한 환상을 깰 필요가 있다. 교육은 삶이다. 삶은 관계이다. …… 아이들은 경험을 통해서 이해한다. 지식의 영역과 그 독자성을 기반으로 하는 교과는 현혹적인 파워를 갖고 있다. 교과를 가르치는 전통적인 방식은 …… 교과에 대한 이해를 희생양으로 삼는다.*
> *- Peter Abb, 1966.*

11. 학생의 역할은?

교사들은 자주 학생들이 자신의 학습에 대해 책임감이 없다고 불평한다. 학생들은 거의 책임감이 없다. 학습에서 학생의 역할은 주로 주어진 활동을 하고 규정에 따라 행동하는 정도다. 교사는 학생들에게 교과서 내용을 요약하는 몇 가지 방법 혹은 공부한 것을 발표하는 방법 정도를 선택할 수 있게 하지만 이것을 진정한 선택이라고 보기는 힘들다. 학생들은 주요 개념들을 가장 잘 배울 수 있는 방법에 대해 심도 깊은 고민을 할 수 있어야 한다. 교육과정통합은 학생들이 진정으로 이해하고 스스로의 학습과 행동에 책임을 질 수 있도록 돕는다.

교육과정통합 수업을 할 때, 학생들은 의사 결정의 권리와 책임감 때문에 혼란스러워 할 수도 있다. 무엇보다 그들은 선생님이 정말로 그들에게 그렇게 많은 것들을 하도록 내버려 둘 수 있다고 믿으려 하지 않을 것이다. 학생들은 여러 차례 의견을 내도록 요청은 받아 봤지만 그것들이 번번이 무시되거나 미미하게 반영되는 것을 경험해 왔다. 학생들이 진정으로 기회라고 느낄 때, 그들은 신중하게 의사를 결정하며 합의 과정에 개인의 영향력을 발휘하게 된다.

한 학급에서는 학기 초, 교실 모니터를 세 명으로 할지, 네 명으로 할지를 결정하는 데 45분을 썼다. 대부분의 학생들이 세 명의 모니터를 선정하기를 원했지만 한 학생, 현진이는 4명을 주장했다. 학교에서 여러 가지 문제행동을 일으켜 온 현진이는 선생님과 친구들이 자신에게 얼마나 관심이 있는가를 시험해 보고 싶었다. 학생들은 현진이의 의견을 받아들여서 한 주는 세 명, 다음 주에는 4명의 모니터를 운영하기로 일단락 짓고 시행해 본 후, 이 문제를 다시 생각해 보기로 했다. 현진이는 자신의 의견이 정말 반영되었다고 느꼈다.

학생들은 어떤 결정이 자신들의 학습에 중요한지, 이것도 공부하는 하나의 과정임을 곧 알게 된다. 그리고 나면 그들은 뭔가를 선택하거나 결정하는 데 필요 이상으로 소모되는 시간을 절약하게 된다. 학생들이 의사를 결정해야 할 대부분의 경우, 의견을 내는 사람들은 주로 소수이고 나머지 사람들은 그 의견들 중 가능성이 높은 몇 가지 의견에 동의하거나 반대하는 역할을 하는 것이 효과적이라는 것을 깨닫게 된다. 더불어 학생들은 '동의'라는 것이 학급에서 결정된 것이 무엇이든 그것에 참여하는 것에서부터 그것을 존중하는 것까지 의미한다는 것을 알게 된다.

교육과정통합을 통해서 학생들은 서로 경쟁하기보다는 지원자가 되어 준다. 수업은 개인과 소집단과 학급 전체 활동을 필요로 한다. 이를 위해 학생들은 함께, 때로는 각자 활동해야 하며 모두 중요한 몫을 한다. 수업의 일반적인 지향점(common goals)은 학생들이 서로의 단점을 들추어내기 전에 동료들의 강점을 찾아서 활용하도록 하는 것이다. 경쟁은 어떤 목표 달성을 어렵게 만들거나 불가능 하게 만든다. 교사의 안내로 학생들은 협동의 힘을 빨리 깨닫고 서로의 강점을 활용하는 데 협동하게 된다.

개인의 강점을 깨닫는 것은 협동학습을 실현 가능하게 한다. 전통적으로 성공적인 학생들은 신속한 해결을 위한 첩경을 찾는 경향이 있으며 그 첩경을 찾는 데 필요한 기능들을 갖추고 있다. 그러나 그들이 그 방법으로 성공하지 못할 때는 좌절한다. 학교에서 덜 성공적이었던 학생들은 빠른 해결책을 찾으려 하지 않으며 같은 결과에 이르는 대안들을 강구하는 경향이 있다. 통상 성공적인 학생이 대답하지 못했을 때, 다른 학생들은 그들로 하여금 가능한 것들을 검토할 수 있도록 돕는다.

우선 학생들은 진심으로 상대방의 말에 주의를 기울여야 한다. 합의를 도출하기 위해서 학생들은 모든 사람들의 의견을 경청해야 한다. 결국 학생들은 정말 관심 있는 것들, 보다 나은 수업의 방향을 말하기 시작하며 전에 그렇게 하지 않았던 일부 자신들에 대해 열린 마음이 된다.

공동의 목표를 갖는 것, 개인의 장점을 알아차리는 것, 주변의 모든 사람들의 의견을 경청하는 것 등은 학생들에게 학습 집단을 배려할 수 있는 능력을 개발하도록 한다. 이런 배려는 수업 시간을 넘어서 영향을 미친다. 예를 들어 6학년인 혜란이는 수줍음이 많고 다른 사람에 비해 생각하거나 대응하는 것이 느리다. 혜란이의 사회성 부족과 불안은 혜란이가 학교를 자주 결석하는 원인이 되었다. 혜란이가 교육과정통합에 참여했던 학기 초에 급우들은 혜란이를 따돌리지 않았지만 혜란이 자체 혹은 혜란이가 필요로 하는 것에도 특별한 관심을 갖지 않았다. 그러나 같이 공부한 지 몇 달이 지난 후, 다른 학생들은 혜란이가 같은 모둠원이라는 것, 혜란이도 의견이 있다는 것(여전히 그녀는 즉시 반응하지 않았지만)을 알게 되었다. 이런 배려는 운동장이나 통학 버스 안으로 확산되었다. 학생들은 친절하고 배려하게 되었고 경쟁적인 분위기에서 벗어나서 모든 학생들이 수업이 지향하는 공동 목표 달성에 참여하게 되었다.

진정으로 참여하게 되면 대부분의 학생들은 참여한다는 것의 진가를 알게 된다. 그러나 변화에 저항하는 경우도 없지 않다. 전통적인 수업에서 성공적이었던 학생들이 주로 이런 저항자인데 그들은 학교에서 상당히 유명한 학생이고 기득권자이다. 그들은 누구에게 경청해야 하는지, 무엇에 집중해야 하는지 그리고 어떻게 해야 최소한의 노력으로 최대한의 효과(예를 들어 좋은 점수나 등급)를 얻을 수 있는지를 안다. 그들은 승자였기 때문에 승자와 패자를 분명하게 구분해 주는 학교에

익숙하다. 하지만 교육과정통합은 학생들에게 정답이 없는 문제를 제기하고 동료들과 경쟁하는 대신 서로 돕도록 요구한다. 학생들은 그들 자신의 기능과 재능을 개발할 뿐만 아니라 다른 사람들을 도와야 한다. 시간이 지나면서 대부분의 학생들은 새로운 접근을 이해하고 호감을 보이지만 계속해서 저항하는 학생도 있다.

이런 학생 중 하나가 학교에서 올 A를 받아 온 8학년의 민용이었다. 민용이는 교사의 기대를 한껏 받으며 8학년이 되었다. 민용이는 A를 받을 모든 준비가 되어 있었다. 그해 내내 민용이는 그룹학습보다는 혼자 공부하기를 원했다. 그는 교사에게 자신이 좋은 점수를 받기 위해서 알아야 할 것이 무엇인가만 말해 달라고 했다. 그는 프로젝트를 통해서 새로운 지식을 적용하는 것보다는 시험을 칠 수 있도록 해 달라고 했다. 교사는 교육과정통합이라는 한계 내에서 가능한 한 민용이의 요구를 받아들였다. 교사는 그에게 시험을 치게 하고 기회가 될 때마다 혼자 공부할 수 있게 했다. 교사는 상황을 복잡하게 만드는 민용이에 대해 단적으로 대응하지도 않았고 민용이가 최고 성적을 받는 엘리트에 속하는 학생이라는 선입견도 갖지 않았다. 민용이는 교육과정통합의 목적과 실제를 충분히 받아들이지도, 좋아하지도 않았다.

또 다른 측면에서는 학습에 대한 의지나 노력이 있는데도 불구하고 학교에서 성공적이지 않은 학생들이 있다. 교육과정통합은 이런 학생들에게 어떤 희망을 준다. 그들은 그들의 아이디어를 경청하는 어른이나 동료들과 함께 학습 공동체의 일부가 된다. 그들은 그들의 학업과 개인적 성장을 성취할 수 있도록 동료들의 지원을 받는다는 것을 알게 된다. 학생들은 그들 삶이나 관심사와 관련이 있는 문제들을 탐색함으로써 학교 학습에 새로운 의미를 부여한다.

성아는 그런 학생이었다. 그는 학교에서 학습 부진아 였고 성적에 문제가 있었고 자주 문제 행동을 하는 학생이었다. 처음의 회의적 상황이 다소 지난 후, 성아는 교육과정통합에 성실하게 참여했다. 처음 한동안 교사는 성아가 그렇게 되도록 도와주었다. 11월에 성아는 통합 수업에서 리더가 되었고 동료들은 성아의 창의성, 열정, 예술적 능력, 훌륭한 발표를 존중했다. 성아는 초청 인사를 찾아 약속을 받았고 여러 자료 자원들을 찾아냈고 시간적으로 양적으로 요구되는 것 이상을 기꺼이 공부했다. 심지어 성아는 교육과정통합 활동에 대한 발표를 할 때도 급우들을 이끌었다(참고로, 성아는 1999년 고등학교를 졸업하고, 지금은 대학생이다).

교육과정통합에서 모든 학생들이 이런 발전을 보여주는 것은 아니다. 전통적인 교실 수업에서와 마찬가지로 실패하는 학생도 있다. 그러나 교육과정통합에서 교사들은 의미 있고 참여적인 교육과정을 통해서 이전에 문제아였던 많은 학생들이 학습과 자신 그리고 친구들과의 관계를 호전시키는 것을 목격했다.

요약하면 교육과정통합에서 학생의 역할은 새롭게 조명된다. 새로운 역할의 핵심은 적극적으로 참여하고 자신의 학습과 행동에 대해 책임을 지며 다른 사람과 협조하는 것이다. 거의 모든 학생들이 이 새로운 역할을 적극적으로 받아들였고 이런 노력들은 개인의 성장과 발전이라는 결과를 냈다.

Foxfire는 높은 학업 성취를 위한 가장 중요한 원칙에 대한 이전의 버전을 다음과 같이 설명한다.

> 교사와 학생이 함께 공부하기 위해 교사는 학생의 바램, 학생의 관심에서 시작해야 한다. 계획, 수정, 그리고 평가에 이르는 전 과정에 처음부터 학생들이 개입해야 한다. 물론 학생들의 발달에 필요한 것들을 제공할 책임은 여전히 교사에게 있다.

교실 수업에서 일어나는 대부분의 문제들은 학생들과 함께 풀어야 한다. "여기 일어날 듯한 상황이 있다. 내가 뭘 해야 될지 모르겠다. 뭘 해야 하는가?"라는 질문을 받을 때, 교사는 바로 답해 주기보다는 학급 학생들에게 이런 문제를 해결하기 위한 질문들을 해야 한다. 교사는 학생들을 계속 믿고 모두가 책임을 진다는 관점을 유지하며 이끌어 가야 한다.

12. 어떤 수업 전략이 필요한가?

하나의 철학, 교육과정 설계로 시작된 교육과정통합은 또한 하나의 수업 전략이다. 교육과정통합은 교사와 학생이 함께 수업의 목표나 방식들을 결정하는 여러 교수학습 접근방식들을 활용하는 것을 통칭한다.

교육과정통합에 주로 활용되는 전략들을 들면: 아래 제시된 것은 성장이라는 주제 하에 수업에서 학생들이 구성한 학습 문제들이다.

🔍 생물학/질병

▷ 왜 사람들은 청소년기를 거쳐야 하는가?

▷ 유전의 역할은?

🔍 공동체의 일원으로서 나

▷ 나이가 들면 친구 관계는 어떻게 될까?

▷ 나와 부모님과의 관계는 어떻게 될까?

▷ 나는 어떻게 달라질까?

🔍 나

▷ 왜 선행과 악행을 하는가?

▷ 고등학교는 어떨까?

▷ 어떤 직업이 나에게 어울릴까?

🔍 타 문화에서의 성장

▷ 18세 후에도 우리는 성장하는가?

▷ 나는 생활력이 강할까?

🔍 과거가 미래에 영향을 미치는 방식

▷ 우리는 얼마나 오래 살까?

▷ 내가 왜 나인가?

각 개념들을 심층적으로 다루기 위해 학생들은 각 개념을 탐색할 모둠을 나누기로 했다. 모둠은 3명에서 5명까지 다양하게 구성되었다. 교사의 도움을 받아서 각 모둠원들은 문제를 해결하기 위한 방식과 각자의 역할 분담을 계획했다. 이런 협력 체제(모둠)에서 개인의 책무성과 모둠 목적이 모두 중요한 요소이지만 모든 학생들이 참여하도록 하기 위해 교사가 구성원을 정해주면 안 된다. 학생들은 문제를 해결하기 위해 서로 협조했다.

모둠 학습은 주제 단원에서 무엇보다 중요하다: 그러나 주제를 해결하기 위해서 교사는 두 번의 공개 발표와 소그룹 지도(mini-lessons)가 필요하다고 판단했다. 예를 들어 유전의 영향에 대한 탐구가 시작되었지만 학생들은 확실히 유전에 관한

적절한 배경 지식을 갖고 있지 못했다. 그래서 교사는 유전의 기초에 대한 30분짜리 강의를 준비했고 유전질환, 보균, 중독과 같은 이슈들을 탐색하는 토의 수업으로 연계시켰다. 이런 강의는 생물학과 질병이라는 소주제 단원에서 제공되었지만 전체 주제 단원에서는 몇 개의 대그룹 발표도 포함되었다.

학생들의 흥미를 폭발시킨 토픽은 성격유형(personality types) 이었다. 성격에 대한 몇 가지 정보를 접한 후, 학생들은 학교 상담교사를 초대했고 그러고 나서 Myers-Briggs inventory[2] 검사를 했다. 이 검사는 학생들이 자신의 선호도를 알아보고 서로 다른 타입들이 어떻게 상호 작용 하는가를 이해하는 데 도움이 되었다. 과학적인 조사는 주제단원에도 유용하다. 유전을 공부한 그룹은 검은 쥐와 흰 쥐를 기르는 실험을 기획했다. 학생들은 공부한 것과 실제로 기록한 데이터를 토대로 새끼 쥐들의 색깔을 예측했다. 학생들은 고등학교 1학년을 위해 개발된 조사방법을 사용함으로써 고등학교에서 하는 방식으로 문제를 다루었다. 그들은 수집한 데이터를 분석해서 결과를 발표했다.

정보를 찾는 방식도 다양했다. 모든 그룹들은 학교 및 지역의 도서관을 방문했다. 또 인터넷을 검색했고 고등학교와 지역의 센터들을 직접 방문했다. 한 그룹은 성장에 필요한 성격발

---

2) 역자 주: MBTI(Myers-Briggs Type Indicator)는 C.G.Jung의 심리유형론을 근거로 하여 Katharine Cook Briggs와 Isabel Briggs Myers가 보다 쉽고 일상생활에 유용하게 활용할 수 있도록 고안한 자기보고식 16가지(ISTJ, ISFJ, INFJ, INTJ, ISTP, ISFP, INFP, INTP, ESTP, ESFP, ENFP, ENTP, ESTJ, ESFJ, ENFJ, ENTJ) 성격검사이다(http://www.mbti.co.kr).

달, 정서, 사회적 요소를 좀더 자세히 알아보기 위해 심리학자와 정신병리학자를 인터뷰했다. 모든 학생들은 부모-자녀 관계 변화를 조사하기 위해 적절한 시간, 적절한 장소를 정해서 부모님, 할아버지, 할머니를 인터뷰했다.

동료학습도 사용되었다. 그룹마다 관심사가 달랐기 때문에 학생들은 쉬는 시간에 자신들의 정보, 기능, 알아 낸 것들을 서로 공유했다. 이런 공유 방식은 주로 강연, 소그룹 활동, 편집 영상이나 문서, 게임, 반성하기, 가설검증과 같은 방식으로 그룹 안에서 진행되었다. 그룹 내의 한두 학생들이 연구를 하거나 전문가를 인터뷰하고 나서 그들이 알게 된 것을 그룹의 다른 학생들에게 알려 주었다. 학생들은 교사에게 배우는 것처럼 서로에게서 많은 것을 배울 수 있다는 것을 알게 되었다. 전체 학생을 상대로 하는 그룹별 발표는 활발한 상호 작용을 일으켰다. 물론 적절한 지식의 구조를 강조하는 것은 궁극적으로는 교사의 몫이다.

여기서는 교과서 문제에 답하는 것이나 학습지는 거의 사용되지 않는다. 그러나 이것들도 목표 달성에 도움이 된다고 판단되면 사용할 수 있다.

교사가 보다 다양한 레퍼토리(repertory)로 주제에 접근해야 한다는 것은 확실하다. 교사는 학생들이 실험을 기획하도록, 조사 단계를 재진술하도록, 자료에 접근하도록, 게임에 집중하도록, 갈등을 조율하도록, 데이터를 분석하도록, 책임감을 갖도록 도와주어야 한다. 나아가서 교사는 적절한 강의를 제공하고 일부 단원을 조직하고 학생들의 참여를 면밀히 살피고 당일 해야 할 기초 학습이 누락되지 않도록 신경을 써야 한다. 교사는 또한 사전에 예상되지 않은 활동과 학습들에 대처할 전략을 세워야 한다. 학생에 따라서 교육과정통합 교사는 늘 새로운 내용을 학습하고 다양한 수업 방법들을 재정립해간다.

우리가 알아두어야 할 것은 교육과정통합에 적용되는 다양한 전략들이 지금까지 우리가 해 온 전통적인 것들과 다르지 않다는 점이다. 그러나 그것들이 선정되는 이유는 다르다. 교육과정통합에서 선정되는 방법이나 활동들은 교사 단독 결정이기보다는 학생-교사의 협의 아래 공동으로 결정된 것이다.

교사-학생이 함께함으로써 학생들은 어떤 상황에서 최선의 활동을 선정하는 방법과 하나의 방법이 여러 상황을 커버하지 못한다는 것을 배운다. 놀랍겠지만 그들은 강의의 진가를 재평가하게 된다. 강의가 유의미한 문제에 맥락화되어 진행되기 때문이다. 학생들이 평생학습자가 되려면 적절한 전략을 선택할 줄 아는 능력은 중요하다. 그들은 책을 참고해야 할 때, 전문가의 의견을 들어야 할 때, 좀더 공식적인 강의를 받아야 할 때가 언제인가를 판단할 줄 알아야 한다.

교육과정통합 그 자체는 수많은 수업 방법을 활용하는 종합적인 전략이다. 문제 해결을 위한 방법을 선택하는 책임의 일부를 학생들이 지기 때문에 그들은 또한 학습을 위한 다양한 수업 방법들의 가치와 역할을 알게 된다. 결국 그들은 학습하는 방법을 배운다.

13. 학생 평가와 기록은 어떻게?

교육학자와 심지어 많은 학부모들도 점차 전통적인 ABC 등급 평가의 부적절성을 알게 되었다. 그런데 이렇게 한정된, 철옹성 같던 평가에 점차 변화가 나타나기 시작했다. 교육과정을 통합하고자 할 때, 학생 평가 방식의 변화는 필요하며 불가피하기 때문이다.

교육과정통합은 사전에 계획된 내용을 습득하는 것 이상을 추구하기 때문에, 학생의 활동에 대한 평가를 동반한다. 어떤 학생의 학습을 정당하게 평가하고자 하기 때문에 학습의 결과뿐만 아니라 그 수행 과정에 관심을 두는 과정 평가를 한다. 바람직한 태도를 습득하는 것은 과정 평가에서 중요한 평가 요소이다. 이것은 또한 문제를 해결할 때 여러 기능들을 사용하는 능력을 대표한다.

지금 진행 중인 참평가(the authentic assessment) 운동은 교

육과정을 통합하려는 일련의 움직임과 함께할 때 탄력을 받는다. 아마도 가장 궁극적인 변화는 학생들이 자신의 학습을 모니터하고 평가할 책임을 지는 것이다. 이런 평가는 학생들에게 스스로 평가 목표를 설정하고, 평가 기준을 만들고, 저널이나 포트폴리오 같은 자신의 학습 활동물들을 검토하고 친구나 교사와 함께 자신의 학습 진보 정도에 대해 의견을 나누도록 한다. 승자가 되기 위해서는 희생을 필요로 하는 그런 격렬한 경쟁은 거의 사라진다. 개인의 발달 정도를 평가하는 등급평가와 같은 평가들은 객관성에 기초한다. 어떤 사람의 성취가 하나의 알파벳이나 등수로 요약(득표) 표시되어서는 안 된다. 대신 노력, 진보, 성취도 등 다양한 것들을 근거로 해야 한다. 공부한 흔적이 있는 노트, 구체적인 항목들을 스스로 체크하는 체크리스트, 전시품이나 학생이 만든 모형, 학생이 쓴 글에 대한 교사의 코멘트, 구두로 평가된 것들, 종합적인 진술문, 시험점수들이 종합적으로 고려되어야 한다. 수행된 활동들의 성격에 따라 평가 내용물들은 다르지만 이들은 지필 평가나 숙제를 기초로 등급 평가한 것보다 더 많고 중요한 정보를 제공한다.

전통적인 교실에서는 숙제를 하는 것이 등급을 매기는 데 큰 영향을 미친다. 사실 숙제는 평가에 영향을 미치는 가장 큰 단일 요소이다. 등급 그 자체처럼 숙제 또한 교육과정통합과 상관없이 재고해 볼 필요가 있다. 학생들이 공부를 쉴 새 없이 해야 하는 일로 간주할 때, 학교와 교육 그 자체에 대해 부정적인 태도를 형성하게 된다. 요즘은 숙제라는 말 자체가 진부하고 무가치한 투로 언급되기 때문에 숙제 문제는 부모님들에게도 어필하기 힘들어 보인다. 숙제의 절반 이상이 아이들에게는 과중한 일이 되기 때문에 이것은 늘 불만사항이다.

"모든 사람의 일은 누구의 일도 아니다."라는 말처럼 교육과정통합에서 모두에게 획일적으로 부과되는 과제는 없다. 학생마다 그룹마다 다른 주제를 지향하고 다른 정보 자원을 활용하기 때문에 모든 학생에게 동일한 과제를 하도록 요청하는 일은 거의 없다. 민주적인 분위기에서 통합 학습을 하려는 교실의 학생들은 차라리 학생들이 부정적인 숙제나 교과서 각 장의 끝에 실린 질문들에 답하는 것이나 연습 문제를 푸는 것들보다는 1박이나 한 시간, 단일 출처를 사용하는 것 이상을 요구하는 학교 밖의 활동들을 더 선호한다. 학생들이 수행하는 학교 밖의 학습 활동이란 예를 들어 어른들을 인터뷰하는 것, 텔레비전 프로그램을 분석하는 것, 급우들과 함께 하나의 프로젝트를 구상하여 수행하는 것, 혹은 인터넷으로 주제와 관련된 정보를 검색하는 것 등이다.

교육과정통합에서 활용하는 일반적인 평가 시스템으로서 성적표(report card)는 학생들이 자신의 부모에게 그들이 참여한 활동에 대해 이야기하는 편지 쓰기, 학생들이 주체하는 학부모를 위한 학습발표회, 저녁에 모이는 학급모임(evening activity)과 같은 것들이다. 이런 평가에서는 ABC 등급 평가에서와 같이 불가피한 비교가 없다. 학생들은 경쟁할 필요가 없다; 학생들은 자신의 진보 정도와 성취 정도를 평가하고 다음 학습 목표 설정에 반영한다.

14. 팀워크가 필요한가?

교육과정통합을 실행하기 위해 교사팀을 구성하는 것은 바람직하다. 이상적인 형태는 두 교사 혹은 블록 타임일 경우 한 교사가 좋다. 드물지만 모범적인 실행사례가 없는 것은 아니다. 1-2명으로 구성된 몇 팀이 함께 교육과정통합을 시도할 수 있다. 만약 적절한 지원을 받을 수 있다면 신념이 강한 한 교사도 교육과정통합을 실행할 수 있다. 4-5명으로 구성된 팀 내의 두 교사라도 교육과정통합에 관심이 있으면 그들이 팀이 되기도 한다. 그러나 학교의 전체 교사를 재조직할 필요는 없다. 나머지 교사나 학교 일정은 그대로 두고도 두 교사는 교육과정을 통합할 수 있다. 이런 상황에서 교육과정을 통합한다는 것은 불가능한 것이 아니라 도전적인 일이다.

어떤 교사들은 교육과정통합을 자신의 방식으로 좀더 용이하게 실행하는데 그들은 교육과정을 의사결정 과정에 학생들을 점진적으로 참여시킴으로써 시작한다. 또 두 마리 토끼를 동시에 겨냥하는 교사도 있는데 그들은 등교하는 첫날부터 "좋은 학습 경험이란?", "학생과 교사의 책임은?" 이런 질문을 던지며 학생들과 함께 수업에 적용할 규칙들을 정한다. 학습과 교실 생활의 기본을 정할 때 교사는 학생들을 참여시켜서 학생들의 관심을 학업이나 수업으로 옮겨 가게 한다.

한 교사는 갈등이라는 주제와 관련된 첫 단원 수업을 사전에 계획했다. 교사의 사전 계획은 Bean의 권고는 아니지만 그렇다고 학생들의 참여를 차단하는 것은 아니다.

[Foxfire]라는 수업에서 얻은 교훈을 기초로 교사는 다음 6가지 질문을 계획해서 각 그룹의 학생들을 지도했다: 이 주제에 대해 알고 있는 것은? 네가 알고 있다는 것을 어떻게 아는가? 더 알고 싶은 것은? 그것을 어떻게 학습할 것인가? 네가 그것을 학습했다는 것을 자신에게 혹은 다른 사람들이 어떻게 알 수 있는가? 새로 배운 것(knowledge and skills)으로 무엇을 할 것인가? 학생들은 사회교과와 수학교과로 시작했는데 교과에서 공부해야 될 지식과 기능 목록뿐만 아니라 그 이상의 내용을 포함하여 학습 계획을 세웠다.

처음 두 문제에서 학생들은 거의 사회교과 내에 머물렀다. 무엇을 더 알고 싶은가에 대한 문제는 갈등이라는 주제 학습으로 넘어가면서 사회교과를 넘어서기 시작했다. 갈등이 어떻게 일어나는가? 그것을 어떻게 피할 수 있는가? 갈등을 일으키는 중요한 사건은 무엇인가? 전쟁이 환경에 미치는 영향은 무엇인가? 전쟁의 고통에서 벗어나기 위해 우리가 할 수 있는 것은 무엇인가? 전쟁이 내 삶에 주는 교훈은 무엇인가? 이런 문제들을 더 깊이 다루기 위해 학생들은 그룹을 나누었고 그룹마다 서로 다른 전쟁들을 공부했다. 각 그룹들은 다양한 출처로부터 정보를 수집하여 질문의 답을 종합한 후, 전체 학습 시간에 각자의 정보와 결론들을 발표했다. 그리고 각 수업은 종합·정리되었고 새로운 학습과 연계할 수 있는 것들을 정했다.

사회과 수업에서 전쟁이 환경에 미치는 영향과 무기의 발달을 조사함으로써 학생들은 과학과 기술을 함께 공부했다. 차트, 통계, 인구 통계학을 이해하는 데 수학적 기능들이 적용되었다. 여러 전쟁에 대한 텍스트를 읽고, 편지, 저널, 이야기, 시를 쓰는 등 주제 학습 전 과정에서 읽기와 쓰기를 했다. 상담이나 개인적인 역할들은 개인적 갈등을 해결하는 학습 전략으로 사용되었다.

여기서 설명한 것은 한 두 교과 내에서 통합한 경우이다. 다른 교사들은 그들의 학생들과 함께한 다양한 사례들을 제공한다. 교육과정에 학생들을 참여시켜야 한다는 권고는 학생들의 삶에 의미를 부여한다는 뜻이다. 사회/수학 교사가 구성한 갈등이라는 단원을 수행하면서 그들은 다양한 방식으로 다른 교사들을 초대했다. 이들의 초대는 단순히 도움을 청하는 것, 교사들이 수업을 위해 선정한 것에 대한 평가를 요청하는 것만은 아니다. 학생들이 공식적인 편지를 써야 할 때, 국어 교사는 기꺼이 시간을 내서 도와주었다. 과학 교사 또한 전쟁이 환경에 미치는 영향에 대한 학생들의 이해를 도왔다. 도움을 주기 위해 참여한 몇몇 교과 교사들은 통합교육과정을 운영하는 교사에게 궁금한 것을 질문하기도 했고, 학생들은 다른 교사에게 같은 내용을 다른 방식으로 질문했다. 그들은 학생들이 서로 다르기 때문에 특정한 수업의 특정한 환경에 동일한 모습으로 적응하지 않는다고 말했다. 학생들 또한 여러 교사들로부터 다양한 상황이나 학습에 대한 기대들을 접한다. 그들은 이 수업에서 저 수업으로, 이 교사에게 저 교사에게로 옮겨 다니면서 수업을 한다. 똑같은 수업 목표를 가진, 여러 수업 혹은 합동 수업을 하면서 다양한 인성을 가진, 각자의 방식으로 학생들을 지도하는 여러 교사들을 접한다. 교육과정통합은 그 자체가 교사들 간의 개인적 특성을 필요로 하며 그 개성들을 최대화하기도, 최소화하기도 한다.

나아가서 교육과정통합에서는 학생들에게 다른 상황에서 목표를 검토하게 하고 그것들을 좀더 잘 다룰 수 있는 방법을 찾도록 공개 토론의 장을 제공한다. 학생들이 교사를 개인적으로 언급하거나 비방하지 않는 한, 다양한 목표들이 논의되고 그들이 개인적으로 그리고 그룹으로 좀더 효과적으로 학습 할 수 있는 방법에 대해 의논할 수 있다.

요약하면, 교육과정통합은 이상적이라기보다는 실제적이다. 도전하는 한 이것은 불가능하지 않다. 교육과정통합은 교과 전 영역의 정보를 제공하고자 하고 그런 것에 관심이 있는, 다른 교사들을 초대하고자 하는 교사에게 유용한 접근방식이다. 동시에 교육과정통합 교사는 팀 내의 교사나 동료들의 전문성을 존중하고 유지해야 한다.

> 학창시절을 되돌아보면 누구나 그 시절 동안 배웠던 지식, 획득한 기능들을 왜 그렇게 반복적으로 배워야만 했던가 의아해 한다. 사실 우리가 학교에서 배웠던 것만큼 그렇게 많은 것들이 우리의 성장이나 지적 발달을 위해서 필요했던 것은 아니다.
>
> - John Dewey, 1938

15. 학생의 요구를 어떻게 반영할 것인가?

    교사들은 학생 개개인의 광범위하고 다양한 요구들을 충족시켜야 한다는 도전을 받고 있다. 교실 수업에서 학생들은 같은 시간 동안 같은 방식으로 같은 일을 한다. 교사는 학생 개개인보다는 학급 전체를 대상으로 가르친다. 개인의 요청을 반영하는 것은 교사에게는 과중한 부담이고 엄청난 양의 업무가 추가된다는 의미다. 문화적 차이 또한 고려해야 하지만, 집단생활에서는 이 모든 것들을 고려하는 것은 어렵고 무리다. 여기저기 다양한 문화에 대한 수업을 며칠에 걸쳐 할 수는 있다. 일반화·정형화된 문화에 대해 공부할 수는 있지만 집단 내의 구성원 개인의 다양한 문화(교실 학생들의 배경 문화)를 존중하기는 힘들다.

    교육과정통합은 개인을 존중하고, 그들의 배경, 강점, 필요들을 보다 존중한다. 간단하지는 않지만, 학생들은 계획에서부터 참여한다. "서로를 괴롭히는 것을 언제까지 할 것인가?" 하는 문제를 탐색할 때, 교육활동은 다양한 관점에서 수많은 내용으로 구성될 수 있다. 학생들이 무엇을 할 것인가를 선택해야 하기 때문에 개인과 집단의 관심은 이 선택에서 중요하다.

성장이라는 통합단원을 공부할 때, 학생들은 청소년들이 역경을 이겨내는 과정을 다룬 소설에 관심을 보였다. 그런 책 중 하나는 아우슈비츠(Auschwitz)수용소에서의 경험을 토대로 한 『Night by Elie Wiesel』이었다. 대학살은 유대 역사에서 중요하기 때문에 유태계학생(Jewish)들은 이 책을 선택했다. 다른 학생들도 대학살과 유대인의 신앙에 대해 좀더 잘 알게 되었다. 또 다른 학생들이 관심을 가진 책은 1964년 시민법(the Civil Rights Act) 이전의 아프리카계 미국인 가족의 경험을 그린 소설, Mildred Taylor의 『Roll of Thunder, Hear My Cry』이었다. 학생들은 적어도 자신이 선호하는 책을 선택할 수 있었다.

교육과정통합에서 협의를 이끌어 내는 과정은 개인의 요청을 정당하게 반영할 수 있는 하나의 길이다. 집단 학습 계획을 세울 때 모든 학생들이 참여하기 때문에 그 어떤 누구의 의견도 배제되지 않는다. 학생들은 수업 계획의 한 요소가 되는 자신의 문화뿐만 아니라 개인적인 관심사들을 연계시킨다. 협의 과정에 모두가 참여하는 것만은 아니다; 하지만 어디에나 활동에 참여하기를 거부하거나 의사 표명이 부족한 몇몇 학생들은 있기 마련이다.

학생들은 또한 소그룹에서 자신의 개인적 관심사나 강점을 표명할 기회를 갖는다. 예를 들어 베트남 전쟁을 조사하던 그룹에서 여러 학생들은 구체적으로 무기개발, 주요 정책 결정, 저항, 가정 음악이나 베트남 사람들의 인상 등을 선택했다. 개별 혹은 그룹 조사를 한 후, 갈등을 드러내는 협동화를 그렸다. 짝 활동이나 대그룹으로 여러 시간 다양한 활동을 하면서 개인의 요구를 충족시켜 주었다.

이질 집단으로 구성된 교실에서 특히 영재부터 기능적 문맹에 이르는 아이들이 있는 교실에서 개개인의 요구를 충족시키기는 쉽지 않다. 교육과정통합에서는 이것이 그렇게 어렵지 않다. 어떤 단원에서 두 학생은 실제로 아동발달을 공부하기 위해 Freud, Skinner, Piaget를 읽는다. 반면 다른 학생은 그림이 담고 있는 문화적 교훈을 찾기 위해 그림책을 읽는다. 모든 학생들은 교사와의 협의 아래 자신의 여건에 맞는 적절한 활동을 하기 때문에 이 세 학생 중 그 누구도 획일적인 활동에 참여하지는 않는다. 궁극적으로 모든 학생들은 자신의 교육적 발달을 위한 도움을 받는다.

과정에 따라 학습 결과 또한 개별화될 수 있다. 어떤 학생들은 쓰기에서 어떤 학생들은 말하기, 예능, 시청각적인 발표나 작품 활동에서 돋보인다. 학습한 것을 반 전체 친구들과 공유하는 과정에서 각 그룹은 그룹 구성원들의 장점을 살려 좀더 효과적인 발표를 준비하면서 다양한 기능들을 통합해 갔다. 동시에 학생들은 다른 사람을 가르치면서 자신의 강점들을 활용하며 서로서로 나눈다.

교육과정통합은 학생들에게 친숙한 맥락을 제공한다. 학생들이 소그룹에서 활동하거나 개별 학습을 할 때, 교사는 학생 개 개인과 상호 작용할 기회, 학생들의 강점과 가능성들을 발견할 기회, 인간관계가 효과적인가 혹은 비효과적인가를 조망할 기회를 갖는다. 예를 들어 성민이는 얼핏 보면 매우 활발하게 활동하는 것 같았다. 그러나 교사는 성민이와 이야기를 해보고 나서 성민이가 그의 토픽에 대해서는 실상 아무것도 모른다는 것을 알게 되었다. 성민이는 읽고 쓸 줄 알지만 아무것도 안하면서도 뭔가 열심히 하는 것처럼 보이는 아이였다. 교사와 성민이는 성민이가 스스로 할 수 있을 때까지 매일 학습한 것을 교사에게 검사받도록 하는 것에 서로 합의했다. 또 다른 학생인 유리는 열심히 했지만 거의 아무것도 배우지 못하고 있었다. 교사는 그녀가 거의 읽지 못한다는 것을 알게 되었다. 결국 교사는 유리에게 적절한 책을 권할 수 있었을 뿐만 아니라 꾸준한 관심과 지도를 통해 그녀의 독해 능력을 높일 수 있었다.

학습에서 중요한 것은 학생이지 교육과정이 아니다. 때문에 교육과정통합에서 교사는 학생들이 개인적으로 만족하도록 돕는다. 수업은 교사가 중심이 되어 뭔가를 하는 시간이 아니라 교사가 학생 개개인과 같이 활동할 수 있는 그리고 효과적으로 그들을 지도할 수 있는 시간이다. 가르친다는 것은 모든 학생들을 같은 방식으로 활동하도록 하는 것이라는 고정 관념에서 벗어날 때, 교사는 개인의 요구들을 충족시키는 방향으로 진일보(進一步) 할 수 있다. 교육과정통합은 이런 수업의 일방적인 관점에서 벗어나고자 한다.

배운다는 것은 개인적인 것이다. 책으로 배우지만 책은 교육과정의 일부이다. 교과 내용은 궁극적으로 문제를 해결하기 위한 것이기 때문에 아동은 우선 문제를 감지할 수 있어야 하고 당면한 문제를 해결할 수 있는 곳에 있어야 한다. 이것은 학교가 삶의 특성을 더 잘 반영해야 한다는 의미다.

......

목적이 없는 경우, 나약하고 어리석은 교사는 자주 과거 속에 살면서 감언이설이나 달콤한 말만 한다. 목적은 - 그것이 있거나 없거나 원하는 것 ······ 아무것도 아닌 것으로부터 정말 호감이나 재미를 느끼게 하는 흥미를 정확하게 구분한다. 우리가 원하는 것, 가치를 두는 것, 절박하게 추구하는 것 그것이 목적이다. 이런 목적이 있으면 흥미는 저절로 생길 것이다.

- *William Heard Kilpatrick, 1919*

16. 학교장의 역할은?

교장은 학교의 성공을 결정하는 핵심적인 사람임에 틀림없다. 교장은 학교 분위기나 문화에 가장 영향을 많이 미치는 사람이다. 특히 교육과정에 대한 간학문적 혹은 다학문적 접근을 추구하는 학교에서는 더욱 그렇다. 교장의 표면적·묵시적 지원이 없다면 교육과정통합을 추구하는 교사들은 여러 어려움에 빠진다.

학교장이 학교교육과정을 간학문적으로 실행하기 위해 교사 조직을 바꾸는 데 불안해하는데도 불구하고 행정 명령으로 그렇게 하도록 하는 것은 좋은 방법이 아니다. 격려하고, 지원하고, 제안하는 것이 **좋다**; 그러나 **없을 수도** 있다. 교장이 스스로 진보적인 교장이 되고자 한다면, 그가 해야 할 첫 번째 일은 교육과정통합을 이해하고, 알아보는 것이다. Beane의 책들(1993, 1997), 성공 사례에 대한 이야기들(Alexander, 1995; Springer,

1995; Pate, Homestead, McGinnis, 1997), 통합교육과정을 지지하는 저자들(Vars, 1993; Brazee & Capelluti, 1994)의 책, 학술지의 특집 주제(Middle School Journal, November 1991, January 1992, September 1996, March 1998, November 1998; Educational Leadership, October 1991, April 1995)들을 읽어 보라. 더 정확한 정보에 대해서는 20장을 참조하라.

교장이 교육과정통합에 대해 익숙해질 때, 당면하게 될 장애들을 충분히 숙지할 때, 교육과정통합의 가능성을 열성적으로 지지하게 될 때, 교육과정통합을 실행하도록 지원할 수 있다. 교장은 스케줄을 짜고 정보를 수집하고 다른 교직원, 학부모, 지역사회 인사들과 의사소통을 하는 등 필요한 지원을 할 수 있다.

교육과정 통합을 처음 시도하는 교사들의 교육활동은 실망스러울 수도 있다. 시키는 대로 해 왔던 학생들은 의사결정에 참여할 줄 모를 수도 있다. 교장은 교사들이 드러내는 실망에 귀를 기울이고 그것이 예상했던 것임을 알려 주면서 교사들이 좀더 노력하면 성공할 수 있다고 생각할 수 있도록 도와줘야 한다. 일시적인 실패는 문제가 안 된다. 오히려 그것은 성공을 위한 경험이 될 수 있다.

몇몇 교사 팀으로 교육과정통합을 실행해 온 교장은 앞으로의 미래를 위해서 주요 사업에 대한 계획과 정보를 공유하기도 한다. 그 계획에 학부모가 개입하게 되었을 때, 정보 부족으로 그들의 지지를 받지 못하면 프로젝트는 위태로울 수 있다. 물론 교장은 학부모들이 충분한 정보를 접할 수 있도록 교사들과 함께 검토할 것이다. 교장은 직접 학부모를 만나 대화할 수도 있다. 물론 그들은 교장의 입장을 이해할 것이다. 교장은 교육과정통합을 실행하고자 하는 교사들의 노력을 이해하고 호응하며 평가해 주어야 한다.

교사 평가의 틀은 처음 계획, 전문성, 그리고 교육과정통합에 도전한 교사들의 위험에 비추어서 수정될 수 있다. 교육과정을 통합하는 교실은 전통적인 교실과는 다른 전제가 적용된다. 사전에 계획된 수업을 하는 정보 제공자로서 교사에 기초한 교사평가는 교육과정통합에서는 대부분 적절치 못하다. 교사들은 학생들과 함께 학습 활동을 결정하기 때문에 미리 진술된 구체적인 주 학습 계획안을 기대할 수 없다. 학교장이 교육과정을 통합하려는 교사가 감수해야 하는 위험을 기꺼이 지원한다면 교사평가에 대한 변화는 불가피하다. 학교에 대한 학생들의 태도를 바로잡고 무단 결석률을 낮추고 대학 지원자를 계속해서 높이기 위해서는 교사의 공식적인 지도중심의 기존의 장학이나 평가만으로는 부족하다.

…… 소위 어떤 교과의 문제를 해결하려면 다른 교과의 입장에서 문제를 볼 때 좀더 쉽다. 모든 훌륭한 선생님은 이 사실을 안다: 과학자, 최고경영자, 예술가가 하는 것처럼 모든 사람들은 바로 실생활의 어떤 문제에 당면하며 산다. 그러면 왜 우리는 실제 과정을 거치는 대신 비현실적이고 인위적인 이런 구조에 편승해야 하는가?

                                    - Mark Springer의 분기점:
                          통합적 학습을 향한 성공적인 여행 중에서

17. 교육과정통합을 위한 수업은?

학교에서 교육과정을 구현하는 수업은 다양하다. 중학교에서 정형적인 수업은 전담수업으로 2-5명의 교사가 참여한다. 교육 과정통합은 소수의 학생들이 소수의 교사와 더 많은 시간을 갖는 작은 팀일 때 실행하기 더 쉽다.

교육과정통합은 융통성 있는 시간표 운영을 필요로 한다. 다른 교과 교사들이 더 많이 관여할 때 일어나는 여러 가지 복잡한 일들에 대해 유연하게 대응할 수 있어야 한다. 어떤 교사와 학생들이 하나의 프로젝트를 수행하기 위해 3시간이 필요하지만 그들이 함께할 수 있는 시간은 단 1시간밖에 배정되어 있지 않다고 생각해 보자. 이 세 시간에 모든 교사들은 어떤 반에서든 수업을 해야 하기 때문에 교과를 중심으로 편성된 기존의 시간표를 재조정하기가 굉장히 어렵다. 각 시간마다 교과 선생님이 교과의 특성에 맞춰 계획한 것이 있기 때문에 시간표를 조정한다는 것은 매우 복잡하고 거대한 혼선이 예상된다.

4-5명으로 구성된 팀조차도 융통성을 발휘하기가 힘들다. 추가 시간이 필요한 교사는 우선 시간을 계획하고 학생을 조직하지만 여전히 두세 반의 학생들을 위해 시간표를 절묘하게 재조정해야 한다. 이것은 모든 교사들이 팀이 될 때 실현가능하지만 그렇게 된다 해도 여전히 임시 시간표를 또 짜야만 한다. 더욱이 교육과정통합에서는 필요한 시간을 사전에 알 수가 없다. 두 교사가 짝이 된다면 필요한 만큼 융통성이 생긴다. 이때는 학생들이 있어야 할 곳에 정확하게 있으며 복도에서 잠깐 논의하거나 어떤 학습 그룹에서 필요로 하는 추가 시간을 계획하기가 비교적 쉽다.

두 교사를 한 팀으로 구성하면 시간표 조정을 넘어서 그 융통성이 확대된다. 소그룹이나 전체 그룹 활동 때 학생들은 두 교사 사이를 왔다 갔다 할 수 있다. 예를 들어 한 교사가 여러 가지 실험을 하는 학생들을 돕고 있는 동안 옆 교실에서 다른 교사는 실험의 과정을 계획·진술하도록 학생들을 지도한다고 가정해 보자. 하나의 프로젝트나 실험을 마쳤을 때 그리고 다른 활동으로 진행하고자 할 때, 학생들은 쉽게 이 교실에서 저 교실로 이동할 수 있다. 학생들은 그 시간에 할 어떤 실험이나 활동을 시작할 수도 있고 이전으로 되돌아 갈 수도 있다. 교사의 지도 아래 수업 시간은 시종에 따르기보다는 학생들의 활동에 따라 조정된다.

교육과정통합이 실행될 때, 교사와 학생의 요구 사항도 소그룹에서 더 잘 수용된다. 학생들과 교육과정을 계획하고 난 후, 다른 그룹의 학생들과 하루에 몇 번씩 그런 계획을 한다고 생각해 보자. 두 사람이 한 팀이 되어 50명 정도의 학생들을 하나의 그룹으로 같이 끌고 가는 것이 더 쉽다. 더욱이 여러 그룹의 학생들은 다른 자원들을 요청할 것이다; 비록 교사가 혼자 이런 자료들을 수집할 책임이 있는 것은 아니지만 늘 그것을 인지하고 있어야 한다. 앞에서 강조했듯이 교육과정통합에서 교사는 학생들을 잘 알고 있어야 하는데 학생 수가 많으면 힘들다.

정규 스케줄에서 벗어나서 특별 수업을 계획해야 하는 것, 이것은 교육과정을 통합하는 교사에게는 하나의 도전이다. 대부분의 학교에서는 하루 동안 학생들이 한 교실을 드나드는데 이 때문에 모든 학생들을 일정한 시간 동안 특정한 활동을 하게 하는 것은 힘들다. 특별 수업을 조직하기 위해서는 계속적인 계획과 상호 협력이 필요하다. 교사들이 교육과정을 통합하는 데 더 능숙해지면 일반적인 수업에서도 학생 개개인의 요구를 더 잘 수용할 수 있다. 따라서 특별한 수업을 계획해야 하는 도전은 점차 줄어든다.

요약하면, 비록 교육과정통합을 통해서 교사들은 강한 신념을 갖고 다양한 수업을 할 수 있게 되지만, 교육과정통합을 지원하는 가장 좋은 방법은 소그룹 팀을 구성하고 시간표의 융통성을 확보하는 것이다.

18. 교사들 사이에서
어떤 문제가 발생할 수 있으며
그것을 어떻게 해결할 수 있는가?

한 반에서만 교육과정통합을 실행할 때, 다른 반이나 동료 교사들과의 사이에 몇 가지 문제가 발생할 수 있다. 발생하는 문제 중 일부는 학생들에게 가장 좋은 학습 방법이 무엇인가, 그리고 교육과정을 어떤 내용으로 조직할 것인가 하는 문제다. 또 다른 것은 주로 개별학습에 대한 의구심이다. 즉각적인 판단은 잠시 보류하고 서로의 전문성과 차이를 인정하면 이런 잠정적인 문제들은 교사들의 풍성한 대화 꺼리가 될 수 있다.

교육과정통합은 교과의 관점이나 교사 중심의 교육과정 관점에서 볼 때, 확실히 일탈로 보인다. 교사들마다 학생들의 학습을 도와주는 최선의 방식에 대한 생각이 다르며, 새로운 실행방법은 이런 차이를 공론화한다. 교육과정통합을 실행하는 교사들은 처음에는 새로운 것을 시도하는 이유를 설명해야 할지도 모른다. 비록 교육과정통합을 실행하는 교사들이 어떤 면에서는 비난을 받는다고 느낄 수도 있지만 동료 교사들의 의견을 경청하고 성의껏 대응하는 것은 아주 중요하다.

부모님들과 교장과 마찬가지로 동료 교사들 또한 교육과정 통합을 알 기회가 필요하다. 학기 시작 전이나 학기 초에 교육과정을 통합하는 교사들이 진행하는 설명회나 공청회는 그들에게 교육과정통합을 지지하거나 최소한 허용할 수 있는 계기가 될 수 있다. 교육과정통합에 참가해 온 학생들을 초대해서 교사에게 하고 싶은 말을 하게 하는 것도 좋다. 교육과정통합을 먼저 경험해 본 학생들은 이들 교사들에게 교육과정통합에 대한 도전이나 성취감을 정직하고 의미 있게 통찰할 기회를 줄 수 있다.

8학년을 담당한 교사들 중 한 팀은 교육과정통합을 선택하고 다른 한 팀은 통합을 선택하지 않은 학교에서 교사들이 학생들의 요구에 진지하게 관심을 갖게 된 한 예가 있다. 학생들은 얼마 지나지 않아 중학교 수업과는 매우 다른 고등학교로 진학할 것이다. 교과별 수업을 한 교사들은 통합 수업에 참여했던 학생들이 고등학교에 적응하기 어려울 것이라고 생각했다. 교사와 교과목이 매시간 바뀌는 고등학교 혹은 학생들의 관심사를 배재한 교과를 가르치는 고등학교 수업에 학생들이 적응하지 못할 것이라고 생각했다. 이들 교과 교사들은 학생들이 고등학교교육에 필요한 내용과 기능들을 교육과정통합을 통해서는 습득하지 못한다고 단정해 왔다. 교육과정을 통합한 교사는 다른 교사들에게 자신들도 학생들이 고등학교교육에서 성공하는 데 관심이 있고 교육과정통합을 통해서 이 목표를 달성할 수 있다고 생각하는 근거들을 설명했다. 그 후 8학년을 담당하는 전 교사들은 '고등학교 준비하기'의 의미를 탐색했다. 8학년의 경험이란 고등학교 신입생의 경험을 모방한다는 의미인가? 학습자의 학습 참여 태도와 자신감을 개발하는 것이 중요한가? 이 토론은 1년 내내 이어졌고 많은 의견들이 오가면서 교사들은 서로의 의견을 존중하게 되었다.

교사들 간의 진지하고 개방적인 의사소통은 매우 중요하다. 이런 의사소통은 팀이나 개인 교사들의 인성보다는 교육과정을 실행한 결과에 초점을 맞춰야 한다. 이것은 누구에게 뭔가를 가르친다거나 조언하려는 것보다는 각자의 교육과정 실행에 대한 대화라는 점이 중요하다. 교사들이 학생에게 최선의 것들을 결정할 때는 최선의 것에 대한 이해나 인식 정도에 따라 다르다. 나와 다른 선택이라도 더 많은 장점이 있어 보일 때는 공적으로든 사적으로든 자신의 선택에 대해서 의문을 제기해야 한다. 이런 문제 제기는 그 반응에 따라서 저항 혹은 보다 나은 이해를 이끌 수 있다. 여기에는 설교나 자랑이 아닌 사려 깊은 생각이나 전문적 소견이 필요하다.

물론 학생들에게 더 나은 교육이 무엇인가를 알고 있으면서도 아무것도 하지 않는 교사도 일부 있을 수 있다. 그들은 시간을 내서 요청 사항을 검토해 보고 대안에 대해 의견을 나누려 하지 않는다. 이런 교사들은 토의에 참여시켜봤자 결과는 좌절밖에 없다. 차라리 다른 교사들과 시간을 보내는 것이 나을 수 있다.

교육과정을 통합하려는 교사들이 취하는 입장이 어떤 것이든 그들 또한 다른 교사들의 선택에 대해 가타부타할 권리는 없다. 그러나 그들의 통합에 대한 신념과 교수 활동에 대해 진지하고 열정적으로 대화하려는 태도는 바람직하다. 또 교육과정통합에 관심을 보이는 다른 교사들을 돕는 것 역시 바람직하다. 비록 수업에 대한 생각은 각기 다르지만 다른 교사들이 참여하도록 초대하고 그들에게 논의 결과를 알려주는 것은 다양한 신념을 가진 교사들을 하나 되게 만들기도 한다.

교육과정통합은 학생, 교과, 교사-학생의 역할과 관계에 대한 모종의 신념이다. 이 가정들은 대부분 교과 교사들의 신념과는 다르다. 교육과정통합을 실행하는 것은 관심을 끌기도 하고, 문제가 되기도 하고, 때로는 다른 사람의 무시를 받을 수도 있다. 이 질문들이 전문적으로 다뤄진다면 전반적으로 교사의 전문성을 신장시키고, 교사들 간의 활발하고도 성찰적인 논의를 불러일으킬 수 있다. 이런 관심이 무시되거나 과소평가될 때, 교사들 사이에 분열이 생기고, 그 결과는 학생들에게 피해를 주게 된다.

Mark Springer는 분기점(Watershed) 프로젝트를 성공적으로 수행하고 나서 다음과 같은 말을 했다.

가능할까? 매일 흔들리는데도 불구하고 나는 낙관적이다. 거시적으로 보라. 변화를 느낄 수 있을 것이다. 관료주의를 타파하려는 개인은 항상 있다. 사실 어떤 점에서는 과거로 되돌아가고자 하는 사람도 늘 있다. 꿈꿀 수 없는 것도 있지만 동시에 창의적인 사람, 유머러스한 사람, 체계적인 지원은 없지만 필요할 때마다 매력적인 프로그램을 고안하는 감각이 있는 사람도 항상 있다. 보다 나은 미래를 위해 기꺼이 정면 돌파하는 용감하고 쾌활한 탐험가는 항상 있다.

일어날 수 있을까? 일어나야 한다. 강이 언제나 바다를 향해 자신의 길을 찾듯이.

19. 어떤 종류의 교사 전문성을 개발해야 하는가?

　예전에 교육과정을 통합하고자 하는 교사들과 인연을 맺은 적이 있었던 Henry David Thoreau는 다음과 같은 충고를 했다. "새로운 옷이 필요한 것이 아니라 옷을 새로 입는 것이다." 교육과정통합을 성공적으로 실행하기 위해서 실제로 교사는 이전에 했던 것보다 더 많은 것을 해야 한다. 교육과정을 통합할 때 교사의 역할이 어떻게 변하는가를 설명한 10장은 이것이 성공하기 위해서 교사 개발이 필요함을 의미한다.

　필요한 교사 개발 혹은 연수 프로그램은 장기적이어야 하고 상호 교류해야 한다. 교사들은 새로운 아이디어와 기능을 익히기 위한 연수 프로그램에 너무 자주 참여한다. 그들은 학생들의 '동기유발'을 보장하는 완벽하게 준비된 프로그램을 찾는다. 교육과정통합이 학생들의 학습 활동에 적합해지고자 하는 것은 이해하지만 교사와 학생 모두에게 적절하지 못하면 실제로 실행은 잘 되지 않을 것이다. 상업 자체를 공부하는 곳에서 상술을 배우기는 힘들다.

위에서 인용한 Thoreau의 충고는 수십 년 전에 교육과정 변화에 대한 광범위한 연구를 수행한 후 "교육과정 변화는 사람이 변하는 것을 의미한다."는 말로 그녀의 연구 결과를 한마디로 언급했던 Alice Meil의 말과 그 의미가 같다. 사람이 변하는 것은 빨리 되는 것도 아니고 쉬운 것도 아니다. 사람들은 변화를 감지하고 느낄 시간을 필요로 한다. 다른 사람과 충분히 이야기해 볼 기회가 있어야 한다. 그리고 시작할 용기가 필요하다. '방문지도 장학'(visiting firemen)은 효과적인 시작방법이긴 하지만 단 한 번으로 교사들이 교육과정통합을 시작할 수는 없다. 교사들의 신념과 현장의 의견들이 계획된 변화에 융화되고 교사들이 변화에 긍정적인 태도를 갖출 때, 새로운 것은 그 뿌리를 내릴 것이다.

적절한 전문적 자료를 준비하는 것이 중요하다. 20장에서 제시한 참고문헌에서 시작해도 좋다. 전체 연수 시간에 이 자료를 복사해서 교사들이 검토할 수 있도록 해라. [Student-Oriented Curriculum: Asking the Right Question](Alexander, 1996), 이 책은 특히 어떤 변화를 일으키고자 할 때 좋다. 교사들이 교육과정통합 관련 책들을 읽지 않고 서로 이야기하지 않는다면, 그들은 교육과정통합을 실행하는 방향으로 움직이지 않는다. 이 책의 두 선생님이 경험한 것들은 교사들에게 긍정적인 영향을 미칠 것이다.

전체 교사들이 학습을 계획하거나 교사협의(faculty meetings)를 교육과정 중심으로 운영할 때, 통합 수업에 대한 교사들의 다양한 아이디어들을 공유할 수 있다. 동료 교사들과 상호 작용함으로써 교사들은 마음으로 통합을 지지할 수 있다. 또 다른 지원은 협의회에 참석하거나 학교를 방문할 기회를 주고 다음 해의 학교 교육과정을 계획할 때, 교육과정통합을 포함하도록 하는 것이다.

어떤 자료에서 설명하는 것이든 시사하는 것이든 교육과정통합을 실행하기 위해서는 동료 간의 협력 관계를 형성하도록 지원하는 분위기, 모든 학생들이 참여할 수 있다는 신념, 참여나 전문성을 신장시킬 수 있다는 기대 그리고 변화를 이끄는 자원들이 필요하다. 이것들이 교사의 발달을 지속적으로 이끌고 교사들 간의 상호 작용을 촉진시킨다. 이런 것들이 변화를 지원하는 모든 형식적-비형식적 조건들이다.

> 교육과정통합과 학습 동기유발은 맞물려 있다. 통합교육과정은 학생들에게 강한 흥미유발 경험을 제공한다. 왜냐하면 학생들은 스스로의 흥미와 관심에서 나온 일련의 의미 있는 학습을 하기 때문이다. 학습에 대한 내적 동기가 유발되기 때문이다. 학습은 자신과 사회에 대한 바람에서 호기심과·앎을 만족시키는 것까지 아우른다. 이때 학습의 과정은 학습의 결과만큼 중요하다.
> -Pate, Homestead, & McGinnis in Making Integrated Curriculum Work: Teachers, Students, and the Quest for Coherent Curriculum, p.8

20. 교육과정통합 관련 책은?

다행히도 지난 10년 동안 교육과정통합 관련 전공서들이 계속 발간되어 왔다. 20년대, 30년대, 40년대 초에 출판된 책들도 훌륭하지만 50년대, 60년대, 70년대에 나온 몇몇 책들은 교육과정통합의 관점을 구체적으로 다루고 있다. 다음에 제시하는 책들은 1990년대 출판된 초기 저서들인데 지금까지도 비중 있는 책들이다.

교육과정을 통합하려는 학교는 교사들이 교육과정 분야의 주요 경향을 파악하고 독서할 수 있도록 작은 자료실을 갖추는 것이 좋다[아래 제시된 도서들은 전국 중학교 협회(National Middle School Association)에서 구할 수 있다].

Alexander, W., Carr, D., McAvoy, K. (1995). *Student-Oriented Curriculum: Asking the Right Questions*. 학생중심 교육과정을 성공적으로 실행한 두 베테랑 교사와 그들의 학생, 6학년 40명

에 대한 이야기다. 이 책은 학생들에게 학습 권한을 주고자 하는 교사나 통합수업을 하고자 하는 교사들에게 도움이 되는 책이다.(총 88쪽)

Beane, J. (1993). *A Middle School Curriculum: From Rhetoric to Reality.* 교육과정 개혁에 중요한 영향을 미쳤고 지금도 대단히 영향력 있는 책이다. 이 책은 교과에 대한 분과적 접근을 비판하고 학생과 사회적 요청을 기초로 한 보편적인 교육과정에 대한 관점을 취한다. 경력 교사들이 읽어보기를 권한다.(총 132쪽)

Beane, J. (1997). *Curriculum Integration: Designing the Core of Democratic Education.* 교과를 초월하라. Beane은 교육과정 통합의 역사를 상세히 다루면서 비판점들을 분석한다. 실제 교실 사례를 들어 교육과정통합이 교육과정개발과 수업에 대한 민주적인 접근임을 제시한다.(총 122쪽)

Brazee, E., & Capelluti, J. (1995). *Dissolving Boundaries: Toward an Integrative Curriculum.* 이 책의 서문에서 Beane은 교육과정 개선에 참여한 실제 일곱 개의 이야기를 통해서 교육과정통합의 타당성을 밝혔다.(총 160쪽)

Hawkins, M. & Graham, D. (1994). *Curriculum Architecture: Creating a Place of Our Own.* 신선한 충격이고 솔직하며 도전적이다. 이 책의 메시지는 학교마다 자기 학교의 교육과정을 만들어야 한다는 것이다. 학생, 학교, 지역사회는 '우리 자신의 삶의 장소'로 설계되어야 한다.(총 124쪽)

Lipka, R., Lounsbury, J., Toepfer, Jr., C., Vars, G., Allessi, Jr., S, & Kridel, C. (1998). *The Eight-Year Study Revisited: Lessons from the Past for the Present.* 지금까지 수행된 교육 과정에 대한 대표적인 연구들을 되짚고 있는 이 책에서는 중학교와 고등학교를 신중하게 연구할 필요가 있다고 밝히고 있다. 광범위하게 시행되었다고 할 수 없지만 1942년에 수행된 8년 연구의 결과들은 재검토해볼 만하다. 특히 그 교훈은 오늘날에도 적용될 수 있다.(총168쪽)

Pate, E., Homestead, E., & McGinnis, K. (1997). *Making Integrated Curriculum Work: Teachers, Students, and the Quest for Coherent Curriculum.* 이 책은 8학년을 담당하는 두 교사의 이야기로 58명의 학생들을 위한 민주적인 교실과 일관성 있는 교육과정을 탐색한 책이다.(총 161쪽)

Siu-Runyan, Y., & Faircloth, C. V. (Eds.). (1995). *Beyond Separate Subjects: Integrative Learning at the Middle Level.* 교육과정을 통합하고자 하는 교사들을 실질적으로 돕기 위한 이 책은 왜 그리고 무엇을, 구체적 사례들, 단원 구성이라는 3개의 장으로 구성되어 있다. 실제로 유용한 팁, 아이디어, 간단한 양식들을 제공할 뿐만 아니라 변화하려고 고군분투하는 교사들을 상세하게 다루고 있다.(총 224쪽)

Springer, M. (1994). *Watershed: A successful Voyage Into Integrative Learning.* 일반적인 공립학교에서도 교육과정을 충분히 통합할 수 있다. 이 책은 7학년 40명을 대상으로

그들의 실생활을 접목하고 스스로의 학습에 대해 책임을 지도록 계획한 실험 연구에 참여한 두 교사가 실행한 교육과정통합에 대한 학술서이다. 선구자인 저자의 말을 들어 보라. 상당히 통찰력 있고 정보도 풍부하다.(총 208쪽)

Stevenson, C., & Carr, J. (Eds.). (1993). *Integrated Studies in the Middle Grades: Dancing Through Walls.* 통합교육과정을 계획하고 실행한 교사들이 쓴 그들의 경험에 대한 이야기로 이 책은 이들을 뒤따르려는 '비범한 용기를 가진 교사들'에게 용기를 북돋우고 상상을 불어넣어 줄 것이다.(총 212쪽)

Vars, G. (1993). *Interdisciplinary Teaching in the Middle Grade: Why and How.* 통합의 정당성에서 시작하여 다양한 접근과 관점들을 개관하고 통합 단원을 개발하는 데 필요한 실질적인 수업 계획, 방법, 기능들을 소개하고 있다.(총 88쪽)

교육과정통합에 대해 더 관심이 있다면 다음 책들을 참고해도 좋다. 이 책들은 역사적으로 중요한 저서들로 여러 대학의 도서관에서 찾을 수 있다.

Dewey, J. (1956). *The Child and the Curriculum/The School and Society.* Chicago, IL: University of Chicago Press (Originally Published in 1902 and 1900, respectively)

Dewey, J. (1938). *Experience and Education.* NY: Macmillan Publishing Company.

Faunce, R., and Bossing, N. (1951). *Developing the Core Curriculum.* NY: Prentic-Hall, Inc.

Hopkins, L. (1941). *Interaction: The Democratic Process.* NY: Heath

Zapf, R. (1959). *Democratic Processes in the Secondary Classroom.* Englewood Cliffs, NJ: Prentice-Hall, Inc.

16장에서 언급한 책들도 교육과정통합에 대한 주요 저서들이다.

Aikin, W. M. (1942). *The story of the eight year study.* NY: Harper & Brothers.

Alexander, W. M., Carr, D., & McAvoy, K. (1995). *Student-oriented curriculum: Asking the right questions.* Columbus, OH: National Middle School Association.

American Educational Research Journal, 29(2), 227-251.

Beane, J. A. (1993). *A middle school curriculum: From rhetoric to reality*(2nd ed.). Columbus, OH: National Middle School Association.

Beane, J. A. (1995). *Curriculum integration and the disciplines of knowledge. Phi Delta Kappan, 76*(8), 616-622.

Beane, J. A. (1997). *Curriculum integration: Designing the core of democratic education.* New York: Teachers College Press.

Beane, J. A. (1998). Reclaiming a democratic purpose for education. *Educational Leadership, 56*(2), 8-11.

Brandt, R. (Ed.). (1991). Integrating the curriculum(Special Issue). *Educational Leadership, 49*(2).

Brandt, R. (Ed.). (1995). Self-renewing schools(Speicial Issue). *Educational Leadership, 52*(7).

Brazee, E. N., & Capelluti, J. (1995). *Dissolving boundaries: Toward an integrative curriculum.* Columbus, OH: National Middle School Association.

Dewey, J. (1938). *Experience and education.* New York: Macmillan Publishing Company.

Dewey, J. (1956). *The child and the curriculum/The school and society.* Chicago, IL: University of Chicago Press. (Originally published in 1902 and 1900, respectively.)

Dickinson, T. (Ed.) (1993). *Reading in middle school curriculum: A continuing conversation.* Columbus, OH: National Middle School Association.

Erb, T. (Ed.). (1996). Curriculum integration: Proceeding with cautious optimism(Special Issue). *Middle School Journal, 28*(1).

Erb, T. (Ed.). (1998a). Curricular coherence: The conversation continues(Special Issue). *Middle School Journal, 29*(4).

Erb, T. (Ed.). (1998b). Curriculum reform: Disciplinary, interdisciplinary, & integrated(Special Issue). *Middle School Journal, 30*(2).

Faunce, R. C., & Bossing, N. L. (1951). *Developing the core curri-*

culum. New York: Prentice-Hall, Inc.

Hopkins, L. T.(Ed.). (1937). *Integration: Its meaning and application*. New York: D. Appleton-Century Company.

Lipka, R. P., Lounsbury, J. H., Toepfer, C. F., Jr., Vars, G. F., Alessi, S. P., Jr., & Kridel, C. (1998). *The eight-year study revisited: Lessons from the past for the present*. Columbus, OH: National Middle School Association.

National Middle School Association.(1995). This we believe: *Developmentally responsive middle level schools*. Columbus, OH: Author.

Pate, P. E., Homestead, E. R., & McGinnis, K. L.(1997). *Making integrated curriculum work: Teachers, students, and the quest for coherent curriculum*. New York: Teachers College Press.

Springer, M. (1994). *Watershed: A successful voyage into integrative learning*. Columbus, OH: National Middle School Association.

· 저자 ·

Gert Nesin　　· 약 력 ·

Athens에 있는 Georgia 대학교에서 박사학위를 받았다. 그녀는 Main과 North Carolina에서 초·중등학교 교사 그리고 교감 경력이 있다. 그녀는 1992년 Maine 시에서 지명하는 그해의 교사였고, 최근에는 대학 교육 활동에 기여한 사람에게 주는 Georgia 대학의 조교상 수상자가 되었다. 그녀는 수많은 주, 지방, 전국규모의 학술대회, 기관에서 논문을 발표하고 연설했다.

John Lounsbury　· 약 력 ·

미국 중등학교 연합회 출판부의 편집자인 John Lounsbury 지난 수십 년 동안 중등교육 분야의 저자, 연사 그리고 고문으로 일해 왔다. Milledgeville에 있는 Georgia 주립 대학, 학교교육 명예 학장인 그는 이 교육운동의 주요 지도자 중 한사람이고 학생교육에 높이 기여한 공로자이다.

· 역자 ·

정광순　　· 약 력 ·

한국교원대학교 교육학 석·박사
김해 삼성초등학교 초등학교교사
Canada Univ. of Alberta Post-Doc
현 한국교원대학교 강사

교육과정통합 :

20가지 질문과 대답

· 초판 인쇄	2007년 8월 30일
· 초판 발행	2007년 8월 30일
· 지 은 이	Gert Nesin, John Lounsbury
· 옮 긴 이	정광순
· 펴 낸 이	채종준
· 펴 낸 곳	한국학술정보㈜
	경기도 파주시 교하읍 문발리 526-2
	파주출판문화정보산업단지
	전화 031) 908-3181(대표)·팩스 031) 908-3189
	홈페이지 http://www.kstudy.com
	e-mail(출판사업부) publish@kstudy.com
· 등 록	제일산-115호(2000. 6. 19)
· 가 격	8,000원

ISBN　978-89-534-7037-8 93370 (Paper Book)
　　　　978-89-534-7038-5 98370 (e-Book)